123
2 -

La frousse autour du monde

› BRUNO **BLANCHET**

LES ÉDITIONS
LA PRESSE

Table des matières

NOTE DE L'ÉDITEUR

Ah… éditer Bruno Blanchet… un défi en soi !

Nous considérons Bruno comme un poète qui manie sa langue à sa façon (!). Les mots qu'il emploie ne se trouvent pas tous dans le Petit Robert… Plusieurs ne figurent que dans le « Petit Bruno ». Mis à part les titres (livres, films ou autre), nous avons choisi délibérément de limiter les mots en italique. Seuls quelques expressions anglaises difficiles à déchiffrer autrement, quelques mots étrangers en fidjien ou en d'autres langues ont subi ce traitement. Nous avons voulu respecter la prose de Bruno Blanchet — parfois drôle et parfois absurde — sans déranger la lecture. Il est à noter que les noms de lieux sont restés tels quels afin d'éviter au lecteur d'avoir à lire le texte la tête légèrement inclinée vers la droite…

Vous pouvez suivre le périple de Bruno Blanchet en repérant les pays qu'il visite sur la carte. Après tout, qui peut localiser facilement le Myanmar ?

Bruno Blanchet nous a fait confiance sur tout. De notre côté du monde, nous avons cherché à illustrer son périple le mieux possible : imaginez des boîtes d'objets, de visas, de vieux passeports et de CD de photos pêle-mêle… Ajoutez à cela quelques objets hétéroclites, une série de courriels envoyés du bout du monde à des heures indues (et parfois hindoues !) et vous retrouverez le processus de création de ce livre. J'espère que tu l'aimeras, Bruno !

Bula bula à Viola des îles Fidji qui a multiplié les efforts pour télécharger des photos inédites en provenance de son coin de paradis.

Jacinthe Laporte

Préface
Bruno le monde

« OK, Marie, j'accepte ! » Yé, nous sommes en septembre 2003 et Bruno Blanchet est le premier à me dire que, oui, il sera l'un des chroniqueurs « vedettes » du nouveau cahier LP2 de La Presse – son texte sera même du tout premier numéro, publié le 9 octobre !

La chronique s'intitule « Dehors, le monde », pour inciter les lecteurs à sortir, voir des spectacles, n'importe quoi pour ne pas être devant le petit écran. Et grâce au OK de Bruno, cela facilite les choses pour convaincre Louis-José Houde, Chantal Lamarre, Nelly Arcan et Patrick Senécal de devenir, eux aussi, « chroniqueurs mensuels ».

Seulement, voilà, Bruno a, un jour, pris le titre de la chronique au pied de la lettre : dehors, le monde. Ailleurs, la vie.

« Marie, c'est Bruno, tu le sais que j'ai toujours dit que, quand j'aurais 40 ans et mon fils en aurait 18, je partirais faire le tour du monde ? Ben, je pars la semaine prochaine avec un billet ouvert un an. Je peux-tu t'écrire une chronique par semaine ? On pourrait appeler ça, je sais pas, moi, quelque chose comme La frousse autour du monde ? »

Je l'avoue : profondément convaincue qu'il n'écrira pas une ligne une fois parti — moi, en tout cas, aux îles Fidji, je ne taperais pas un mot... — j'accepte sa proposition. Et trois jours après son départ, me parvient la première *Frousse*, publiée le 10 juin 2004 ! La sceptique est confondue, due, due.

Car cela fait maintenant plus de quatre ans que je reçois, quasi toutes les semaines, un cadeau en forme de courriel : la prochaine chronique de Bruno, publiée désormais dans le cahier Vacances-Voyage sous le titre *Les vacances de Monsieur Bruno*.

Son texte est parfois émaillé de drôles de caractères (il écrit ses textes dans des cafés Internet de partout, sur des claviers absolument pas « Français [Canada] ») ou sans aucun accent.

Mais surtout, son texte est rempli, chaque fois, de vie, de réflexion, d'ingénuité, d'humour, de courage, de charme et de bizarrerie. Bref, son texte est rempli, chaque fois, de Bruno. Et du monde.

Marie-Christine Blais

Merci à

Marie-Christine Blais, ma muse et mon ange gardien, sans qui rien de tout cela ne serait arrivé, pour ta patience, ton écoute, et ta grande générosité... *La Frousse*, c'est notre bébé !

Ma famille bien aimée, qui m'a encouragé à parcourir le monde, et à vivre à fond cette aventure un peu égoïste, faut le dire, sans jamais me reprocher mon absence.

Vous êtes extraordinaires.

Pierre Douville, de Douville et associés, mon comptable génial, pour m'avoir sorti du pétrin à plus d'une occasion... Olé, Pedro !

Marie Rodrigue, mon agent et précieuse amie, qui garde le phare depuis 14 ans, et qui a toujours su me guider à travers les tempêtes... Je ne sais pas ce que je serais devenu sans toi !

Toute l'équipe de *La Presse*, pour le support inconditionnel, et la carte blanche.

Merci à Jacinthe Laporte, qui m'a convaincu de me lancer dans l'aventure du bouquin et qui a fait un boulot remarquable... Bravo !

Merci à Supak, pour ta compréhension, et ton amour, et ton... *lap moo* !

Merci aux lecteurs et lectrices de *La Presse* pour les belles lettres, les bons conseils, et les appuis réconfortants.

Merci aux voyageurs québécois, croisés en Asie ou ailleurs, pour les belles soirées et les amitiés sincères.

Merci à tous les autres, de partout au monde, pour l'hospitalité et les expériences inoubliables.

La Frousse autour du monde n'est pas un guide de voyage. Ces récits, inspirés de faits vécus, ont été compilés à des fins de divertissement et créés dans un but très précis : donner envie de voyager !

Et vous comprendrez, certes, qu'afin de protéger l'intimité des participants, volontaires ou involontaires, la majorité des noms ont été changés.

Bon voyage, où que vous alliez.

Bruno Blanchet

Dehors, le monde : ce n'est qu'un *aloha*

CHRONIQUE # 000
› [06—H]

27 mai 2004
Montréal, Canada

Déjà ?

Quand j'ai décidé de participer à cette chronique, en septembre dernier, j'avais la ferme intention de l'écrire en respectant chaque fois la condition suivante : je ne devais jamais parler de moi. Je tenais mordicus à éviter de contribuer au syndrome du « moi moi moi je je je » qui nous pollue tant la vie et les médias.

Mais j'étais loin de me douter de tout ce qui allait m'arriver cette année. D'abord, mes spectaculaires 40 ans, et maintenant...

Vous permettez ? Faut que je vous le dise.

Je pars. Un peu, beaucoup, énormément. Qu'est-ce que j'aurais pu faire d'autre ? Ça fait deux mois que je braille à tout bout de champ.

Mon grand garçon est rendu en appartement et le simple fait d'aller dans son ex-chambre me remplissait les yeux de larmes. Je m'ennuyais comme un fou de voir son linge traîner à terre. Pis de m'enfarger dans ses running shoes. Pis d'y dire de les ramasser.

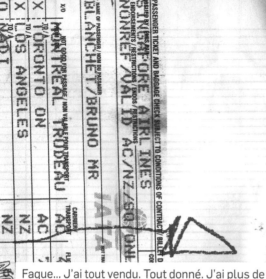

Faque... J'ai tout vendu. Tout donné. J'ai plus de maison, plus de voiture, plus de meubles. J'ai laissé le petit peu d'essentiel qu'il me restait dans un 5' x 5' sur de Maisonneuve, coin Fullum. Cinq pieds carrés de souvenirs, d'archives et de photos. Et un manteau d'hiver. Des bottes. Un tableau. Le reste est dans un sac, sur mon dos. Première destination : les îles Fidji. Ensuite ? On verra bien. Tonga, Nouvelle-Calédonie, Nouvelle-Zélande, Australie, Indonésie. J'ai jamais vu l'Asie. Je prendrai le temps. Je serai un escargot.

Je remets le compteur à zéro.

Ce n'est pas une blague. Au moment où vous lirez ces lignes, je serai probablement à l'aéroport de Dorval — mon vol est prévu à 11 h — en train de me demander si tout ça est une bonne idée. Mais je ne peux plus reculer.

C'est ça, la beauté.

J'ai intitulé mon périple *La Frousse autour du monde*. Et je vous jure que vous allez en entendre parler. Parce que je vous amène avec moi.

Et je crois qu'on ne va pas s'ennuyer ! D'abord, exit Bruno, exit Piton, exit Mimo, Tite-Dent !

Là-bas, personne ne me connaît, alors profitons-en !

Je m'appellerai Yvan, Manon ou Donald, je parlerai français avec un accent allemand, je serai architecte, avocat, cuisinier, pilote de stock car, pompier ridicule, chirurgien, j'emprunterai le rire de David, mon voisin, hi hi, je serai dur d'oreille ou daltonien, philatéliste, clown argentin, je danserai le tango, je jouerai du bouzouki, attention, je serai bruyant, j'aurai un tic, deux tics, trois tics, boum ! Je ferai du surf, j'aurai mal où je n'ai jamais eu mal, j'inventerai ma famille au Brésil, mon équipe de curling — deuxième au championnat du monde, je vous l'ai-tu dit ? —, je serai président-directeur-général d'une usine de boîtes de carton belge, j'aurai fait faillite, une dépression, je naviguerai sur le Prout à la recherche d'une aile d'avion, d'un thé étrange, d'un nid de coucou, d'un burger de Hambourg, de moutarde ou de Dijon, je serai déjà venu, *vidi*, *vici*, avec Marie, la femme d'Arnold, je vous jure, je le connais, Paul Newman, il mesure quatre pieds, oui, je l'ai inventé, le Canada, non, je sais pas, j'ai fait Compostelle moi, Monsieur, et à reculons, jusqu'au Japon, j'ai vu la Vierge, elle parle grec, et je pense sincèrement qu'Elvis est vivant. Croyez-vous aux extraterrestres ? Non ? Voulez-vous voir ma soucoupe volante ?

Ha. Le délire !

Je vais sérieusement m'amuser. J'aurai mille personnalités. Et j'attendrai vos « suggestions » !

Photo : Bruno Blanchet
Bruno lors de son départ
de Montréal.

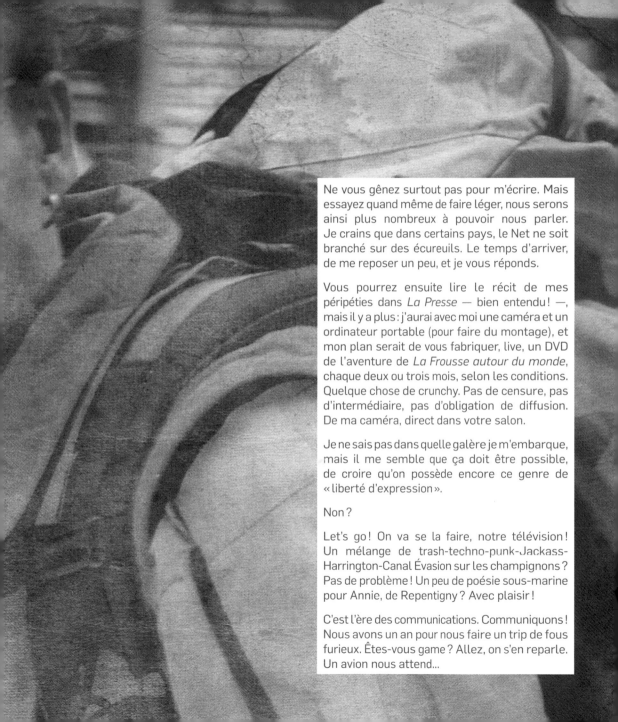

Ne vous gênez surtout pas pour m'écrire. Mais essayez quand même de faire léger, nous serons ainsi plus nombreux à pouvoir nous parler. Je crains que dans certains pays, le Net ne soit branché sur des écureuils. Le temps d'arriver, de me reposer un peu, et je vous réponds.

Vous pourrez ensuite lire le récit de mes péripéties dans *La Presse* — bien entendu ! —, mais il y a plus : j'aurai avec moi une caméra et un ordinateur portable (pour faire du montage), et mon plan serait de vous fabriquer, live, un DVD de l'aventure de *La Frousse autour du monde*, chaque deux ou trois mois, selon les conditions. Quelque chose de crunchy. Pas de censure, pas d'intermédiaire, pas d'obligation de diffusion. De ma caméra, direct dans votre salon.

Je ne sais pas dans quelle galère je m'embarque, mais il me semble que ça doit être possible, de croire qu'on possède encore ce genre de « liberté d'expression ».

Non ?

Let's go ! On va se la faire, notre télévision ! Un mélange de trash-techno-punk-Jackass-Harrington-Canal Évasion sur les champignons ? Pas de problème ! Un peu de poésie sous-marine pour Annie, de Repentigny ? Avec plaisir !

C'est l'ère des communications. Communiquons ! Nous avons un an pour nous faire un trip de fous furieux. Êtes-vous game ? Allez, on s'en reparle. Un avion nous attend...

J'étais effectivement parti avec l'équipement nécessaire pour tourner une émission de télé, en solo ; et je quittais le Québec très excité à l'idée de vous offrir des images de l'étranger... Mais en 2004, rien que le matériel professionnel vidéo représentait à peu près 15 kilos ! Disque dur externe de 200 gigs, ordinateur portable, caméra, trépied, réflecteur et un nombre incalculable de cassettes, comme si l'on n'en trouvait nulle part ailleurs qu'au Québec. En plus de mes 20 kilos de bagages superflus !

Mais ce n'était qu'une partie du problème...

La première fois que je suis sorti avec la caméra flambant neuve, à Nadi, dans les îles Fidji, j'ai freaké : sur un boulevard désert, trois mecs louches se sont amenés dans un corbillard blanc, avec une portière en moins et deux trous de balles dans le pare-brise.

Un d'eux m'a crié :

-Hey touriste ! Tu veux qu'on te montre un endroit pour faire un beau film ? Allez, embarque... N'aie pas peur ! Hum. J'ai réalisé que j'étais très loin de mon plateau de tournage habituel... Et que la participation du public venait de prendre une nouvelle définition !

Bref, j'ai compris en une fraction de seconde que je n'étais pas prêt à affronter le monde, seul, caméra au poing. Il me fallait d'abord affronter le monde. Point.

Alors ? J'ai tout renvoyé au bureau... Désolé !

Bula bula

CHRONIQUE # 001
› [12—Z]

10 juin 2004
Nadi, îles Fidji

Quand j'ai choisi les îles Fidji comme première destination, j'ai arrêté mon choix à partir de la courbe climatologique du pays sur Yahoo Météo point com.

Quelques jours avant de partir, je me suis mis à lire les petits caractères dans le guide *Lonely Planet*. Des serpents de mer de quatre pieds de long, dont la morsure est mortelle mais qui, «heureusement», selon le guide, «ne mordent que très rarement», des méduses microscopiques qui vous pondent des cochonneries sous la peau, des moustiques porteurs de fièvre de Dengue, des araignées géantes, etc., etc. Rien pour faire triper le petit gars à sa maman.

Puis, le matin du départ, j'ai mis mon sac sur mon dos. Merde. Trois fois trop pesant. Mon chiro et mon dos ne seront pas contents.

Dix-huit heures d'avion. Deux escales — une à Toronto, où on m'a questionné, fouillé et « rayons-ixé », et l'autre à LAX (Los Angeles — , puis 45 minutes de camion funky pas de suspension sur une route de brousse par une température de jungle, et devinez quoi ? La première personne que je croise, à 3 h 30 du matin dans un dortoir pour six personnes sans climatisation, s'appelle Michelle et elle vient de... Québec. Bon. Hip hip hourra pour l'exotisme et le dépaysement ! Assis au bord du lit, jusqu'à 4 h 30 du matin, j'ai vécu mon baptême fidjien à parler de *La fin du monde est à sept heures* et de *N'ajustez pas votre sécheuse*... Si j'avais su, je serais allé à Saint-Machin, au camping Chez Paul.

Je blague. C'est probablement la meilleure chose qui pouvait m'arriver. Parce qu'en arrivant à Nadi, je mourais de peur. Quand Michelle m'a raconté qu'elle était partie depuis quatre mois, qu'elle avait parcouru l'Australie et la Nouvelle-Zélande toute seule avec son vieux sac et sa tente, ça m'a comme... un peu rassuré.

L'après-midi, je m'assoie sur le balcon de ma chambre avec vue sur la baie de Nadi pour vous écrire ces quelques petits mots. Et c'est presque... irréel. Le vent tiède fait douce-ment bruisser les feuilles du cocotier penché au-dessus de ma tête, les belles grosses madames fidjiennes accrochent des serviettes sur la corde à linge dans la cour de l'hôtel en riant — assurément de me voir si blanc, je suis à la limite de la transparence ! — et un oiseau vient se poser sur la rampe pour ajouter son chant — qui ressemble étrangement à un rire d'enfant — au délicieux de l'instant. Ça y est, je ne me suis jamais senti aussi... bien. Juste bien. Vous, moi, l'océan, la musique de Beck. Wow. J'en ai l'œil presque humide.

C'est le moment qu'a choisi la grosse mouche brune pour me piquer. Crisse.

Faut croire que mon existence est faite de ces timings ridicules. J'évolue en permanence dans un film de Charlot, dans le rôle du petit gros un peu idiot.

J'ai dit une mouche, mais je devrais plutôt dire un dard de camping avec des ailes, je ne suis pas certain, mais je crois que, chez nous, on appelle ça un bateau. Dans ses yeux, j'ai pu lire qu'elle avait peut-être une option sur ma viande blanche. En fait, c'est quand elle s'est léché les babines en me faisant un clin d'œil que j'aurais dû comprendre.

Je l'entendais me tourner autour depuis un moment — au début, je croyais qu'un Cessna s'amusait à tourner dans le ciel — mais c'est quand le son a cessé que j'aurais dû réagir. Les insectes carnivores, c'est comme les enfants tannants : c'est quand ils ne font plus de bruit qu'ils sont le plus inquiétants...

J'ai capoté. Je me suis vu dans une chambre d'hôpital pas de plafond, pas de plancher, sur un lit plein de morpions, faire 45 degrés de fièvre et être soigné avec des seringues rouillées.

À l'infirmerie de l'hôtel Horizon Backpacker, les gentilles responsables des « plasteurs » m'ont mis un moton de glace sur la bosse immense qu'a fait la piqûre. J'étais vert. Et elles ont ri.

La jolie Lucy, la plus compatissante, m'a essuyé le front avec une serviette en me chantant doucement un air fidjien. Les autres, hilares, se sont jointes à elle, et bientôt, j'étais entouré d'un chœur d'infirmières fidjiennes. *Bula bula, la ka la la...* Je ne sais pas ce que ça voulait dire, mais j'étais loin en ta... des urgences de l'hôpital Notre-Dame.

Puis, les gens assis dans le lobby sont accourus pour voir ce qui se passait. Ils se sont tous spontanément mis à taper des mains. De vert, je suis passé au rouge, puis au rose.

Bula bula, la la ka la ka...

Yeah. Fidji time.

Photo : *Bruno Blanchet*
Une carte postale personnalisée
des îles Fidji que Bruno nous
a fait parvenir.

Sortir...
de l'hôtel

17 juin 2004
Nadi, îles Fidji

Nadi, la ville.

Une ville ? Pas tout à fait. Plus comme une rue. Avec un certain charme. J'avoue que c'est ma première « sortie » officielle et que tout me paraît absolument charmant.

Je dois aussi vous avouer que ça m'a pris presque quatre jours avant de me décider à sortir du périmètre de l'hôtel. Faut dire que le premier soir, j'ai vécu une expérience un peu traumatisante...

Inconscient du danger que représente la tombée de la nuit dans les environs, je me suis chaussé de mes beaux souliers de course avec l'intention d'aller faire un petit jogging au coucher du soleil. La plage est plutôt moche dans la baie adjacente à l'hôtel Horizon, mais le ciel magnifique rend ce détail insignifiant.

Au bord du rivage, un groupe de jeunes Fidjiens tirent un immense filet pour récolter du poisson.

Je poursuis ma course.

Deux dames, qui marchent d'un pas rapide, font un détour pour croiser mon chemin. Arrivé à leur hauteur, je sursaute à la vue du chien qu'elles tiennent en laisse. L'immense berger allemand, avec le choker entre les dents et tout le reste, vous savez le genre qui mange assurément des petits enfants, se met à aboyer furieusement.

Une des deux femmes me fait signe et, dans un anglais approximatif, me conseille de rentrer immédiatement à mon hôtel. La plage est très dangereuse le soir et je vais sûrement me faire attaquer si je ne rentre pas avant la nuit. Devant mon air perplexe, elle me confie qu'elle ne sort même pas avec son chien, le soir...

Convaincu, je me retourne et réalise alors que j'ai dû parcourir trois kilomètres. Et que la noirceur tombe rapidement.

Ah non ! Pourquoi je cours après le trouble tout le temps ?

Calvaire. Vous auriez dû me voir sprinter... Je faisais des flammèches sur le sable.

Tout le long, je me sentais observé, épié, pointé du doigt, et je voyais des ombres menaçantes sortir des herbes longues pour me sauter dessus.

Bien sûr, rien de tout cela ne s'est matérialisé. La peur donne peut-être des ailes, mais aussi des hallucinations.

Quand j'y repense, je me dis que les deux dames ont bien dû se marrer...

Donc, trois jours plus tard, je me décide enfin à affronter le monde.

Et comme je vous l'ai dit précédemment, Nadi, la ville, a l'air charmante.

Sauf que...

On les appelle *touts* dans mon guide de voyage en anglais. Il y en a un aux deux mètres. Parfois deux. Un coup engagé sur le boulevard, il n'y a aucun moyen de leur échapper. Ils vous prennent par la main, ils vous tirent dans leur magasin, ils s'accrochent à votre sac; une vraie partie de rugby : *bula*, un taxi, *sir*, un couteau, un drapeau, de la dope, une sculpture, un taxi, *want to smoke ?*, de l'alcool, un taxi, des filles, un taxi, *where you come from, bula*, un taxi, de l'alcool, un taxi, *want some red one ?*

- Pardon ?

- *Some red one. Very good.*

- *Some red* quoi ?

- *Smoke. You know.*

Je suis rentré. À pied. Épuisé. Je n'ai rien acheté, je ne suis pas un bon client de vente sous pression.

À l'hôtel, la belle Lucy a souri en apercevant mon air dépité. J'étais heureux de pouvoir lui sourire en retour, tout en sachant qu'elle n'allait pas essayer de me refiler un taxi ou une salamandre empaillée. Elle m'a pris la main. Je croyais qu'elle voulait voir l'état de ma bosse de piqûre d'hydravion de la semaine passée. Elle m'a plutôt regardé droit dans les yeux et elle m'a dit : « *Want to marry me ?* »

Comment
kava ?

23 juin 2004
Quelque part aux îles Fidji

D'abord et avant tout, merci pour les nombreux e-mails que vous m'envoyez, vous avez des idées extraordinaires à proposer, bravo, merci aussi pour les contacts et les encouragements, c'est vraiment tripant.

Mais depuis quelques jours, je sens une légère impatience de votre part. Si je vous comprends bien, vous voulez apprendre des faits, des dates, des noms. Vous voulez des détails, et pas seulement de la fiction.

Pour ce faire, j'ai appelé en renfort mon comptable, Pierre Douville, de la firme Douville et associés, qui est aussi un passionné de la culture polynésienne et qui m'a fait parvenir les informations suivantes. Elles sauront, je l'espère, satisfaire votre soif de savoir et de connaissances. Voici quelques extraits choisis, tirés de son courriel de quatre pages.

L'anglais est la langue officielle des îles Fidji. Il est parlé autant par les Mélano-Fidjiens, les Indo-Fidjiens, les Rotumans et les Kiribatis. Dans cet archipel de plus de 300 îles, on parle aussi le bengali (langue hindo-iranienne), le goudjarati, l'ourdou, le pendjabi, le tamoul et le telegou, à condition bien sûr de maîtriser parfaitement les consonnes vomito-gutturo-sinuso-linguales.

Il existe aussi les langues dites « véhiculaires », soit l'anglais, le pidgin fidjien et le pidjin hindoustani.

Ici, on prononce les « c » comme les « th » anglais, le « u » comme un « o u », et les oiseaux sont identifiés aux sons qu'ils émettent.

Le perroquet s'appelle *kaka*.

Aux îles Fidji, il y a en moyenne 1,01 homme pour une femme. L'homme vit en moyenne 66,42 ans, et la femme, 71,44 ans.

Donc, si un homme et une femme naissent exactement en même temps, un 1er janvier, l'homme mourra le 14 mai et la femme, le 26 du même mois, mais sept ans plus tard, vers quatre heures moins quart.

Quand on accueille un étranger dans une tribu, on le soumet à une espèce d'initiation par une cérémonie de bienvenue, qu'on appelle le *sevu-sevu*, ou la «cérémonie du *kava*». Le *kava* est un extrait de racine d'une plante poivrée, le *piper methysticum*, qu'on a transformé en une poudre qu'on mélange ensuite à de l'eau, dans un *tanoa*, grand bol de bois sculpté.

À quoi ça ressemble?

C'est un liquide opaque d'un gris tirant sur le vert, et ça ressemble à du mou.

Et la cérémonie, Bruno, comment ça se passe?

Ben, le Chef vous fait asseoir devant lui, il vous demande de taper dans vos mains une fois, puis il vous sert le bol de *kava*, que vous devez boire d'un trait, avant de frapper trois fois dans vos mains en disant *bula*.

Si je l'ai essayé?

Photo : Bruno Blanchet
Bruno et les Montréalaises Brigitte et
Vanessa ont expérimenté les effets
du *kava* pendant une cérémonie de
bienvenue assez éclatée...

Hey! oh! Je suis ici pour ça, non? *Of course*!

Et laissez-moi deviner la question que vous vous posez maintenant... Eh... Quels sont les effets du *kava*? Ha ha!

Difficile à expliquer. Mais il semble agir en trois étapes bien distinctes:

Au début, on a franchement l'impression de boire un mélange de poivre, de boue et de Cépacol. La bouche s'engourdit, on se mord les lèvres et la langue, et on se détend.

Deuxième étape: on se surprend en train de faire tourner son pantalon au-dessus de sa tête, en chantant un air de reggae, dans un dialecte qui tient du créole et de la sauce Worcestershire. *Jesépacécoua, boum tzing, maissafessenta', troum pich.*

Troisième étape: couché sur le sable, on essaie d'expliquer à un Fidjien ce que c'est, de la sloche, et pourquoi un thermomètre ne gèle pas. Les étoiles dans le ciel sont deux fois plus brillantes, et il paraît que c'est normal, le bourdonnement.

Le lendemain, c'est moins amusant.

Je vais aller m'étendre.

Demain, je pars pour les îles Yasawa pour un séjour de quelques semaines. Essayez d'imaginer le paradis, et il y a de fortes chances que l'endroit soit quelque part par là. C'est d'ailleurs l'endroit où a été tourné le film *Le Lagon bleu*. Tiens, vous pouvez le louer et m'imaginer assis en bobette dans le sable, à côté de Brooke «Shiismes».

Malheureusement (ou heureusement!), il n'y a pas ou peu d'électricité (que de l'énergie solaire et des génératrices) aux îles Yasawa et, forcément, il n'y aura pas de café Internet.

Alors, on se reparle peut-être dans une quinzaine?

Bula.

Naisisili

Dans les îles Yasawa, sur la pointe nord de l'île de Nacula (prononcé Na-DOU-la), vit Ben. Prêtre catholique, il a 60 ans. Il est né à Naisisili. Et il veut mourir à Naisisili. Environ 70 personnes habitent dans ce *koro*, ce village. Il nous demande de l'appeler Ben, mais son véritable nom est quelque chose comme Bincacula. Les Fidjiens sont comme ça : ils font toujours en sorte qu'on se sente un peu plus à la maison.

Dans une chapelle grande comme une chambre de hockey, chaque dimanche, une vingtaine de Naisisiliens viennent se recueillir et écouter les sermons de Ben. Un tableau accroché au-dessus de la porte représente la Cène, et d'autres plus petits forment autour le chemin de croix.

Il me semble que j'oublie un détail...

Ah oui ! Sur la croix, derrière l'autel, le petit Jésus est noir.

Ce matin, j'ai assisté à la messe qu'a donnée Ben. Par une température de 33 degrés, on s'est assis sur de vieilles chaises d'école primaire, au milieu d'une nuée de guêpes immenses — que je n'ai même pas besoin de vous décrire —, pour entendre la parole de Dieu. Ben a dû sonner la cloche trois fois pour que ses paroissiens accourent. *Fidji time*. Pieds nus, les habitants ont pris place sur le sol et, immédiatement, se sont mis à chanter. La beauté du chant m'a complètement bouleversé.

Après trois secondes, je me suis mis à pleurer. Une vraie fifure, vous direz. Eh oui. J'ai compris pourquoi, plus tard. C'est qu'en cet instant, au fond de mon ventre, ce voyage un peu fou, cette randonnée cinglée, se matérialisait soudainement. Tout devenait concret. Je ne m'étais jamais senti à la fois aussi « loin » et aussi près de la Terre. Difficile à expliquer. Plein et vide à la fois.

Chose certaine, je n'étais plus du tout rue Saint-Hubert. J'étais un cliché. J'étais Robinson Crusoé.

Après la cérémonie, Ben nous invite, Jonas de Zurich et moi, à sa maison, où sa femme, Rosa, nous a préparé à déjeuner. Un toit de paille, quatre murs, deux portes, des tapis tressés posés sur le sol. Voilà. C'est la maison de Ben. Sa plus jeune fille, Samuela, six ans, est excitée de nous voir arriver. Elle se jette dans nos bras. Sans retenue. Nous faisons partie de la famille.

Après avoir mis la table à même le sol, Rosa nous sert à chacun un gros morceau de *yam*, une espèce de pomme de terre, et de la pieuvre. Mélangée à de la soupe Ramen et du lait de coco, la pieuvre a l'air d'avoir été écrasée dans le fond du bol. Malgré son aspect horrible, le plat est délicieux. Le Suisse, dégoûté, passe son tour.

Les Suisses sont mounes.

Après le repas, nous passerons deux bonnes heures à discuter avec Ben. Il nous parlera de Noël, de la vie à Naisisili, de ses 60 ans au milieu du Pacifique.

Avant de se quitter, Ben me fait promettre de revenir passer un bout de temps au village, chez lui. Il m'enseignera à grimper aux cocotiers, à pêcher la nuit au harpon et à la lanterne, et à préparer le *kava*.

Wow.

J'ai déjà hâte.

Vous ne devinerez jamais sur quoi je suis tombé en faisant du snorkel pour la première fois. Vous vous souvenez, je vous en avais parlé précédemment... Non?

Mais oui! Un de ces redoutables serpents de mer, de plus d'un mètre de long, rayé noir et brun. L'espèce la plus venimeuse. Et par à peu près deux mètres de fond. Drette là. Sous mes pieds. Bravo, Bruno! L'océan n'est pas assez grand? Écoutant sagement les conseils prodigués dans le guide de voyage, je suis demeuré immobile.

Le serpent aussi. Calvaire.

Les deux minutes les plus longues de ma vie. Où est le commandant Cousteau quand on en a besoin, hein?

À part quelques autres «vieux» comme moi, il n'y a ici que des voyageurs pubères à la recherche du meilleur endroit pour faire la fête. L'âge moyen des backpackers est d'à peu près 22 ans. Je me sens... dinosaure.

Susie, une psychiatre irlandaise, m'a assuré que la plupart des autres pays que je dois visiter (Vietnam, Laos, Cambodge, etc.) ne sont pas « si tant » *spring break* que ça.

Fiou.

C'est pas que je ne vous aime pas, les jeunes, mais quand mon voisin de dortoir, Ian, un Anglais de 19 ans, trop saoul, s'est mis à pisser dans le coin à deux heures du matin, je me suis franchement demandé si j'étais au bon endroit au bon moment.

J'en suis à ma troisième semaine de douches à l'eau de pluie froide. Ça, c'est quand il y en a, de l'eau !

Et vous savez quoi ? Étrangement, on s'y habitue. Comme la neige, j'imagine.

Shit. J'ai oublié de vous parler du *Lagon bleu*. En deux mots, à part le fait que le meilleur bout de plage est privé, ça doit être un peu comme ça, le paradis. Enfin, je l'espère.

N'y manquerait qu'un chœur de chanteurs fidjiens.

La jolie chute

CHRONIQUE # 005
› [12—Z]

15 juillet 2004
Waya Levu, <u>îles Fidji</u>

Ce matin, nous allons grimper le sommet de l'île de Waya Levu, dit le Grand Waya.

Seti (un planteur de Kasava qui s'est improvisé guide), Lieko (une enseignante japonaise), Bryan (un étudiant de Chicago), Lean (une athlète de Grande-Bretagne) et moi, allons effectuer la dure randonnée de trois heures jusqu'au sommet de la montagne.

Paraît qu'au sommet coule une chute dont l'eau guérit tous les maux.

On en a bien besoin.

Lieko souffre d'une allergie aux piqûres d'insectes; ses jambes et ses bras sont couverts de boutons rouges purulents. Lean arbore sans doute un des plus gros feux sauvages du monde, et le vilain coup de soleil qu'elle a attrapé hier lui gonfle tellement le visage et les paupières qu'on dirait que Mike Tyson s'est servi de sa face comme d'un punching bag. Bryan souffre d'un complexe de supériorité propre à l'Américain moyen, tandis que moi, j'ai depuis deux jours une infection à l'oreille qui m'enfle le côté droit du visage et me donne franchement une tête d'apprenti Homme Éléphant.

On fait dur en sacrament.

Seti, notre guide d'une journée, nous assure qu'il connaît le chemin qui nous mènera au sommet. Les 50 dollars que nous lui avons promis y sont assurément pour quelque chose. Dès notre arrivée au pied de la montagne, il use de sa machette pour nous ouvrir la route à travers la jungle. On dirait que le sentier n'a pas été utilisé depuis longtemps...

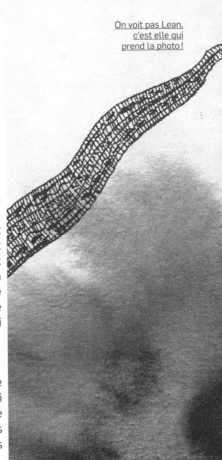

On voit pas Lean, c'est elle qui prend la photo !

Seti   L'ami de Seti   moi   Lieko   Bryan

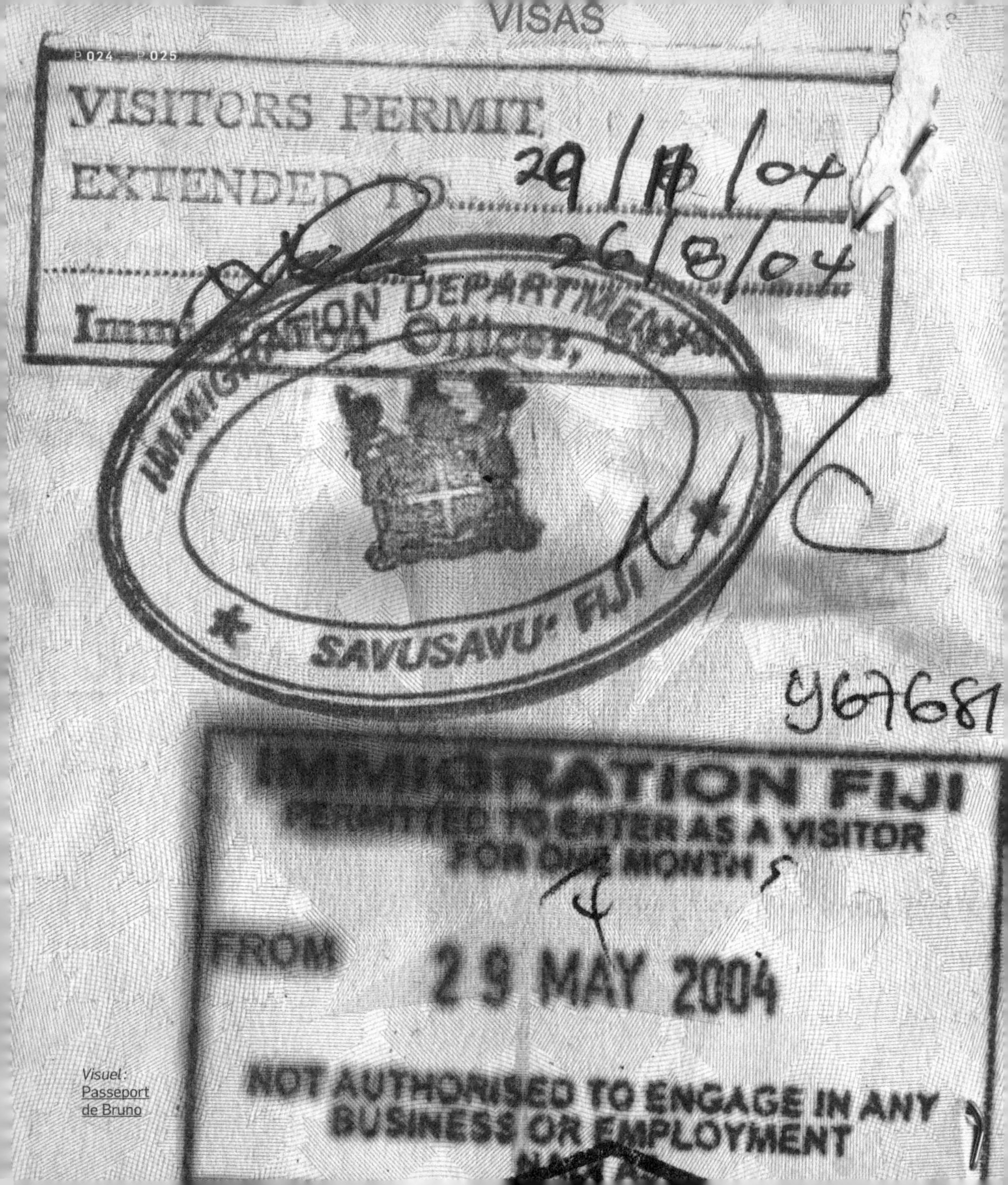

P 024 · P 025

VISITORS PERMIT
EXTENDED TO 29/17/04

26/8/04

Imm... IMMIGRATION DEPARTMENT

Immigration Officer,

SAVUSAVU' FIJI

Y67681

IMMIGRATION FIJI
PERMITTED TO ENTER AS A VISITOR
FOR ONE MONTH

FROM 2 9 MAY 2004

NOT AUTHORISED TO ENGAGE IN ANY
BUSINESS OR EMPLOYMENT

Visuel:
Passeport
de Bruno

Lieko glisse sur le sol boueux et tombe dans la toile dorée d'une araignée jaune géante qui n'a pas du tout l'air d'apprécier l'intruse du Japon. Je lui tends une liane. Lieko se relève. Nos mains se joignent. Nos yeux se sourient.

Cette première décharge électrique nous fait rougir. Dans des conditions difficiles, en terrain inconnu, il n'y a souvent qu'une fine ligne entre l'entraide et... l'amour. Faut dire que, hier soir, en jouant aux cartes — un jeu fort amusant appelé «Shithead», qui semble être le jeu de cartes officiel des backpackers —, nos genoux se sont touchés pendant un long moment, et aucun de nous deux n'a fait l'effort de bouger sa jambe. Si ce n'était de Bryan qui s'est amené en criant, nous aurions pu vivre un agréable moment.

Après une heure et demie de grimpe d'enfer, toujours au beau milieu de la brousse, Seti, notre guide du tonnerre, s'arrête et regarde autour. Il grimace. Ses yeux se plissent. Ses lèvres s'entrouvrent. Il se gratte la tête. Un véritable classique de la pantomime. Wow.

Cet homme est perdu.

Bryan l'Américain, un expert de l'orientation en jungle tropicale — *of course* — propose de continuer l'escalade jusqu'à ce que nous atteignions une éclaircie, d'où nous pourrons apercevoir le chemin que nous avons parcouru. Il nous raconte qu'une fois, lorsqu'il s'était égaré sur le mont Kilimandjaro — *yeah, sure!* —, il avait usé de cette tactique avec succès. Le problème, c'est que l'endroit où nous nous trouvons est tellement dense qu'il est impossible de savoir de quel côté se trouve le haut, ou le bas, et cætera.

Seti lui fait signe de se taire. À travers les bruissements des palmes et les cris des animaux tapis dans l'ombre, il perçoit au loin le bruit d'une eau qui coule.

Encouragés, nous changeons de cap. Au bout d'une quinzaine de minutes de marche à la machette, la chute nous apparaît dans toute sa splendeur.

Jaillissant d'entre deux immenses roches comme suspendues au ciel, l'eau, qui tombe d'une dizaine de mètres dans un bassin cristallin, nous rafraîchit d'avance. Sur l'eau, des reflets pétillants. Une véritable scène de film. Sans attendre, mes compagnons et moi, nous nous déshabillons et nous nous jetons tête première dans la mare.

Nous nous amusons à nous chamailler, à nous lancer de l'eau. Lieko et moi, presque collés l'un sur l'autre, jouons à nous chatouiller sous l'eau. C'est d'un romantique et d'un naïf extraordinaire. Bryan qui, j'imagine, veut faire semblant d'être un requin, me saisit le pied, sous l'eau. Je sursaute. J'accroche du coude le nez de Lieko. Elle se met immédiatement à saigner.

Brillant Bryan.

Il sort sa tête de l'eau. Il rigole. Lieko et moi le regardons avec horreur.

Il a une sangsue sur le front.

Horrifiés, nous nous précipitons hors de l'eau. Dans l'eau, Bryan rigole. Jusqu'à ce qu'il aperçoive la douzaine de sangsues qui nous collent à la peau.

Oh well.

La conclusion de cette histoire? Quelques jours plus tard, Bryan s'est avéré être un chic type, Lean est repartie pour la Grande-Bretagne avec un beau bronzage, Lieko s'est débarrassée de son affection cutanée et mon mal d'oreille a disparu, comme par magie. Était-ce grâce à l'eau? Je n'en sais rien, mais voilà ce qu'on pourrait appeler une jolie chute.

La semaine prochaine, nous visiterons peut-être le royaume de Tonga. Minuscule pays constitué de 150 îles, Tonga — prononcez « tong-guh » — est le dernier régime monarchiste de la Polynésie. James Cook, qui visita le pays en 1773, baptisa Tonga les « îles accueillantes », *the friendly islands*.

Dans le domaine, Fidji va être dur à battre.

sangsue ➡

Visuel:
Détail tiré d'une pochette contenant les billets d'avion de Bruno.

MONDE

Rejoignez le

ANNONCE ICI!

Des petits coraux de toutes les couleurs

(première partie)

CHRONIQUE # 006

› [12—Z]

29 juillet 2004
Quelque part aux îles Fidji

Après deux semaines de silence inquiétant, Bruno B. a donné signe de vie ! Le revoici !

Tonga ?

Après avoir rencontré Sepp et Lisl, deux Autrichiens qui ont vécu trois semaines d'enfer au royaume de Tonga, j'ai décidé de ne pas y aller. Désolé ! Je sais que le malheur vend bien, mais je le préfère quand il arrive aux autres. J'aurais tant aimé vous parler des plages polluées, de la corruption endémique et de l'infrastructure touristique déficiente de ce chaud petit pays, mais je suis en vacances, après tout ! *Tsé genre style hey.*

Non mais.

C'est étonnant combien les plans changent en voyage. Y'a rien qui tient bien longtemps. Depuis le temps, j'avais oublié que les longs voyages sont faits de rencontres d'abord, et de paysages ensuite. On apprend beaucoup plus sur soi en échangeant avec des inconnus qu'en prenant des photos d'un coucher de soleil sur un volcan endormi ; et pour chacune des personnes que l'on croise et à laquelle on s'attache, il y a souvent un changement à l'horaire à prévoir...

Car les gens du voyage sont d'une variété extraordinaire.

Thomas, un électricien, et Ina, une étudiante en biologie, tous les deux du Danemark, blonds aux yeux bleus — et absolument charmants —, viennent de faire le tour du monde et retournent à la maison cette semaine. Ensemble, nous avons ri, bu, lu, mangé, dansé et nagé avec des raies manta, cinq magnifiques bêtes de deux à trois mètres qui vous donnent l'impression d'être dans le ciel, entouré de vaisseaux spatiaux. Irréel. Un moment magique. Du genre qui vous unit.

Avant de se quitter, spontanés, sincères, ils m'ont fait promettre d'aller faire un tour à Copenhague.

Mettons que le Danemark n'était pas prévu à mon itinéraire. Mais pour Thomas et Ina, j'ai dit oui. On s'est envoyé la main pendant des minutes. Leur bateau a disparu à l'horizon.

J'étais triste. Mais heureux de savoir qu'au Danemark, j'ai désormais deux amis danois. Tralala.

Puis il y a eu John et Kris. Des Britanniques dans la soixantaine; lui travaille pour la BBC, où il est ingénieur, elle est agente d'assurances. Ils ont pris une année sabbatique pour voyager autour du globe. L'air d'un monsieur très sérieux, John a remarqué que j'avais de la difficulté à échapper aux avances d'une native qui insistait depuis trois jours pour me faire un massage; pince-sans-rire, il m'a dessiné les plans d'une catapulte, fonctionnelle, fabriquée à partir de feuilles de bananiers et de lianes tendues entre deux cocotiers. Il avait même trouvé l'emplacement pour l'engin! La seule chose qu'il ne pouvait me promettre était un atterrissage délicat sur l'île d'en face.

Wow... Tant d'efforts pour un seul gag! J'étais conquis.

John et Kris m'ont invité à Londres, au mois d'août 2005, pour célébrer leur 40e anniversaire de mariage. Encore une fois, j'ai dit oui. Ça non plus n'était pas écrit dans mon horoscope.

Et la liste est longue. Il y a Frank de San Diego, avec qui j'ai rendez-vous à Singapour, Götz Huckels, un physiothérapeute hippie qui vit dans une commune de Golden Bay en Nouvelle-Zélande — que j'irai visiter —, qui m'a conseillé de sauter par-dessus l'Australie (occidentale et trop chère) et d'aller directement en Asic (dépaysement garanti à bas prix), Yoko de Tokyo (une invitation à dîner au Japon au mois de mai), etc.

Et surtout, il y a Jason et Veronica d'Irlande, deux joyeux lurons, qui m'ont proposé de rester aux îles Fidji et d'aller avec eux apprendre la plongée sous-marine dans le détroit de Somosomo, où se trouvent le Great White Wall,

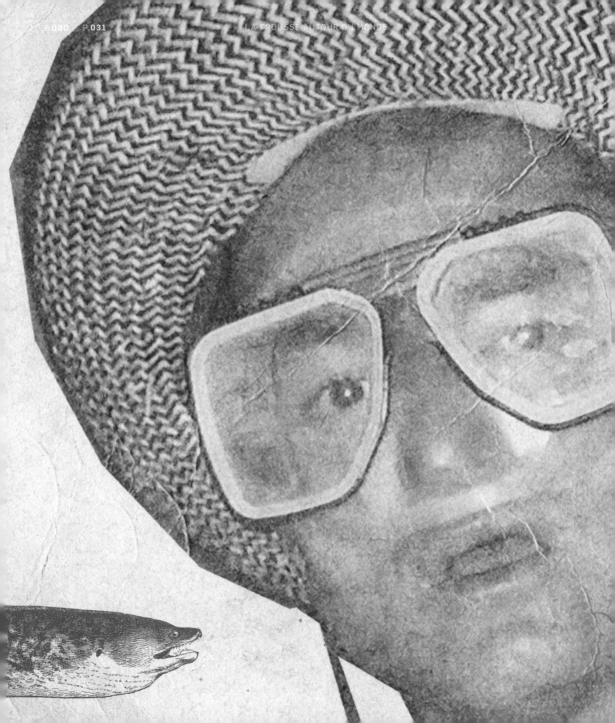

Photo : Bruno Blanchet
Y'a pas à dire : la plongée,
ça change quelqu'un !

le Rainbow Reef et de nombreux autres paysages sous-marins prisés par les plongeurs du monde entier. On dit d'ailleurs du détroit qu'il est l'un des 10 meilleurs sites de plongée « au monde ». Un beau projet !

Sauf que...

Sur la brochure, on nous promet des coraux magnifiques, mais aussi plein de requins, de murènes et des tas d'autres « sympathiques » bébêtes. Yé. Invitant.

Puis, comme bon nombre d'entre vous, je tends à la claustrophobie. De plus, j'ai eu une naissance difficile, et je crois sincèrement que le fait que je sois né « bleu » me fait craindre à mort de manquer d'air. Finalement, j'ai le mal de mer et j'ai longtemps eu peur de l'eau...

Mais je n'ai pas intitulé cette série *La Frousse autour du monde* pour rien !

Faque j'ai dit oui. À suivre...?

Des p'tits coraux de toutes les couleurs

(Deuxième partie en trois temps)

05 août 2004
Vanua Levu, îles Fidji

Le centre Dolphin Bay Divers Retreat où nous sommes débarqués, Veronica, Jason et moi, est situé dans l'île de Vanua Levu, juste en face de celle de Taveuni, qui est communément appelée la « Garden Island of Fidji ».

Détail digne de mention, le 180ᵉ méridien traverse l'île de Taveuni. C'est un des deux seuls endroits au monde où la *date line* passe sur la terre ferme — l'autre est quelque part au nord, en Russie — et c'est là, précisément, comme le nom le dit, que la date change sur notre belle planète.

Avant ce qu'ils appellent « l'uniformisation », il y avait deux journées différentes dans l'île. En même temps. Un véritable cauchemar, paraît-il. Quand quelqu'un vous promettait quelque chose pour le lendemain, il était impossible de savoir de quel jour il s'agissait. Le « lendemain » d'aujourd'hui, soit demain demain, ou le « lendemain » d'hier, c'est-à-dire aujourd'hui demain ?

Confusion.

Hier, nous sommes allés visiter le site officiel. Au bout d'un terrain de rugby mal entretenu, deux bancs de bois. Et deux pancartes. Sur l'une, il est écrit *Yesterday*, sur l'autre, il est écrit *Today*. Un mètre les sépare.

Alors, d'aujourd'hui je suis allé à hier. Puis je suis revenu à aujourd'hui. Puis hier. Et hop! Aujourd'hui. Puis hier. Puis aujourd'hui.

Las, enfin, je me suis placé au milieu.

J'étais nulle part. Ni hier. Ni aujourd'hui. Veronica m'a pris en photo.

Weird.

J'étais sur la photo.

Au Dolphin Bay Divers Retreat, je dors sous la tente, dans une ancienne plantation de cocotiers. C'est plutôt coquet, une cocoteraie. J'ai une vue sur la plage, trois repas par jour et du *kava*, en veux-tu en v'là, tout ça pour 25 dollars canadiens. Pas pire.

Demain, le cours de plongée débute. J'ai vu les photos des différents sites où nous plongerons. Ça a l'air extraordinaire.

Évidemment, j'ai un peu beaucoup la chienne.

L'instructeur, Roland, un Suisse-Allemand, a plus de 20 ans d'expérience en plongée sous-marine. On pourrait l'écouter parler de ses expériences pendant des heures.

Son accent est savoureux. « *Fuckingue hell!* » est son expression favorite.

Malgré toute la confiance que j'ai en lui, je sens quand même le besoin de faire le brave. Le *tough*. Ce qui signifie, pour moi, de faire le clown. Je mets mon masque à l'envers. Pendant les exercices, je cache un briquet que j'essaie d'allumer sous l'eau. Par trois mètres de fond, j'attrape un concombre de mer et je m'en sers comme d'un énorme zob.

Roland est découragé.

Faudrait peut-être ajouter que ça fait une semaine que je cours de long en large sur la plage avec une bûche — *log* en anglais — dans les mains, pour rester en *shape*. Jason, mon ami irlandais, m'a baptisé le « *logman* ». Je crois qu'ici, on me prend pour un cinglé.

En fait, j'ai rarement été dans une aussi grande forme. Et je suis en train de nous faire une sacrée réputation de fous furieux, à nous les Canadiens français.

Le soir, autour du feu, on s'amuse à chanter des chansons de bûches, des «*log songs*» comme on les appelle. Ça va de «*Log, log me do*», des Beatles, à «*I'll always log you*», de Whitney Houston, en passant par la chanson thème de l'émission de télé, «*The Log Boat*». Ma préférée demeure «*How big is your log*», des Bee Gees.

How big is your log

Is your log as big as my log

I really need to know...

On pense déjà aux produits dérivés : le CD, le «catalog», la cassette vidéo d'exercices, etc.

Vous avez de l'argent à investir ?

Mercredi. J'ai réussi les exercices. J'ai passé l'examen avec succès, et c'est le moment de vérité — le mien, *anyway* : la plongée en eaux profondes, au Great White Wall.

Il s'agit maintenant de descendre à 30 mètres de profondeur, dans un monde liquide, sombre et froid, avec l'obligation de demeurer en contrôle de tout élan de panique. En résumé, vaincre ma phobie.

Comment je fais ?

HOW BIG IS YOUR LOG
(Barry, Robin & Maurice Gibb)
BEE GEES
Produced by THE BEE GEES
Produced by BARRY GIBB, ROBIN GIBB,
MAURICE GIBB, ALBHY GALUTEN,
& KARL RICHARDSON

MANUFACTURED & MARKETED BY RSO RECORDS INC. 8336 SUNSET BLVD, LOS ANGELES, CA.

Photo : Bruno Blanchet
Bruno Blanchet dans
les profondeurs aquatiques.

Je respire. 10 mètres. Pression, 2 atmosphères.

Tout à coup que l'équipement fait défaut?

15 mètres. Je me traite de con.

Non mais, y'en a marre d'avoir la chienne! 40 ans de peur, ça suffit. Plonge!

20 mètres. Je respire. Mon *buddy* Jason me fait signe : « Tout va bien? » Je lui réponds que oui.

Si tu savais. Je freake *! Qu'est-ce que j'essaie de me prouver au juste?*

30 mètres. Pression, quatre atmosphères.

Je respire!

Puis, la révélation! Une muraille de corail blanc magnifique, des poissons par centaines, des requins (deux), une murène, comme sur la brochure.

J'ai jamais rien vu d'aussi beau. Et l'apesanteur avec ça. Wow. Je ne suis plus sur la planète. Il n'y a plus de raison d'avoir peur. Je suis nulle part.

Comme sur la photo.

La course

CHRONIQUE # 008
› [12—Z]

12 août 2004
Vanua Levu, îles Fidji

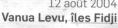

Le soir, au chic Yacht Club de Savusavu, sur l'île de Vanua Levu, Tui, la patronne, organise des courses de crabes. Des bernard-l'ermite, ramassés sur la plage, qui portent sur leur dos des coquillages de toutes les couleurs et de toutes les dimensions. L'enjeu ? Une *Bitter*, la bière locale. Les clients se massent autour d'un cercle de sable d'à peu près deux mètres de diamètre, et chacun mise un dollar sur le crabe de son choix. Tui a préalablement identifié les petites bêtes en inscrivant des numéros de 1 à 16 sur les coquilles.

Il est presque impossible de déterminer lequel sera le plus rapide. Pure *luck*. Le crabe numéro 7 est souvent le premier choix des parieurs, et le numéro 13, toujours le dernier, superstition oblige. J'ai choisi le numéro 10. Pour Guy Lafleur.

Dès que tous les crabes ont trouvé preneur, Tui les dépose au centre du cercle et pose un gros bol, un *taki*, sur les coureurs. L'ambiance s'échauffe. Les parieurs se mettent à crier. Le décompte commence. *Lima, va, tolou, roua, doua, go !*

Tui enlève le bol. Ils sont partis! Le premier crabe à sortir du cercle sera le vainqueur. Immédiatement, le numéro 6 soulève sa coquille et part à la course. Il frappe au passage le numéro 12, qui rentre dans son coquillage. Le numéro 3 ne bouge pas. Ti-Guy, mon crabe, dort lui aussi au gaz. Le numéro 6, à moins d'un mètre du fil d'arrivée, interrompt soudainement sa course. Son propriétaire, un Américain prénommé Tom, vocifère, furieux. Ti-Guy, sans doute réveillé par les cris du Yankee, se met au galop. Il est déchaîné. Je l'encourage: «Guy Guy Guy!» Mais le numéro 4, jusque-là pataud, entreprend un sprint d'enfer. À quelques centimètres du fil, il rejoint Ti-Guy et le dépasse. «Non! Let's go, Guy!» Le numéro 4, propriété de Betty, la jeune Anglaise, s'enfuit avec la victoire. Je hurle ma déception. Elle pousse un cri de joie.

Le numéro 3 ne bouge toujours pas. Son propriétaire secoue la tête, hilare. Nos regards se croisent. Je souris.

Je viens de m'apercevoir que ça faisait un bout de temps que je ne m'étais pas excité comme ça. Depuis deux mois, c'est comme si la vie se déroulait au ralenti. Pire, image par image, ou au *frame*, comme on dit dans le métier. Je commence déjà à me demander de quoi le retour sera fait — contrats, rush, deadlines — et comment je pourrai retourner au rythme effréné d'une grande cité.

Ça fait huit semaines que je n'ai pas porté de souliers. Quand je ne vais pas en gougounes, je suis pieds nus. La plupart du temps en bédaine, je porte le *sulu*, une espèce de jupe pour homme faite d'un simple mètre de tissu qu'on enroule autour de la taille. Je n'ai pas écouté la télévision ni la radio depuis la fin du mois de mai. Juste pour vous envoyer mes articles par Internet, je dois faire 40 minutes de bateau. L'autre matin, je me suis acheté un journal. Le premier depuis mon départ. À la page deux, j'avais mal au cœur. Irak, Palestine, meurtre, vol, *same old bullshit*.

Photo : Bruno Blanchet

À propos, qui est le nouveau premier ministre du Canada ?*

Bof. Ça ne changerait pas grand-chose que je le sache. Le matin, je déjeune. Le midi, je dîne. Le soir, je soupe.

Mes journées commencent avec le chant du coq et s'achèvent à la tombée de la nuit. Je commence à connaître l'heure des marées et le temps qu'il fera selon la direction du vent. Je marche jusqu'au sommet de la montagne, derrière la cocoteraie, pour aller cueillir des fruits de la passion et des limes, que je mange en contemplant les bancs de corail, d'en haut.

Hier matin, j'ai plongé au Purple Reef. J'ai vu Nemo, j'ai surpris une grosse pieuvre qui s'est cachée dans un trou trop petit, et j'ai joué avec un poisson trompette jaune. Dans l'après-midi, pour une bouteille de vin, j'ai peint une salle de bain bleu marine. Le soir, je me suis assis sur la plage pour contempler le coucher du soleil.

La tête au neutre.

C'est alors que j'ai vu apparaître une drôle de petite chose au loin. D'abord, j'ai cru que je rêvais. Puis, la petite chose s'est précisée. Non, je ne rêvais pas !

C'était le crabe numéro 3, qui dans un sprint du tonnerre, se dirigeait à toute vitesse vers l'océan. Go go go !

J'ai éclaté de rire.

Hep.

À chacun sa course.

* Après quelques semaines su
vraiment perdu contact avec
Internet, il fallait d'abord se
du détroit de Somosomo, dans la
souvent, une fois arrivés sur l'île
ordinateur du coin, La connection était
grâce à la seule autre source de
Bay Divers, Le journal Ce
au moins une semaine après, sa
tout des résultats du rugby;
y traitaient de politique
franchement, être dans
les problèmes du monde, ça
J'étais parti dans tous

tête désertée, j'avais
la maison. Pour aller consulter
taper une traversée de 45 minutes
chaloupe pour le de Douglas, et
de Taluni, où se trouvait le seul
coupée ou cente à hurler. Et
nouvelles disponibles au Dolphin
Fiji Times (qu'el'on recevait
parution!) nous connaissions
mais bien. peu d'articles
internationale... Et
l'ignorance la plus totale!
n'était pas sans charme.
les sens du verbe!

Les bateaux

CHRONIQUE # 009   19 août 2004
› [12—Z]   **Buca Bay & Korean Wharf, îles Fidji**

Quand on vit sur une île, on est à la merci du temps. Du vent, des vagues, des marées, du courant.

Car tout se fait par bateau. Et quand je dis bateau, je ne veux pas dire « paquebot », mais plutôt quelque chose comme « chaloupe ». Sur un lac, une rivière, pas de problème, mais sur l'océan, c'est une autre histoire.

L'histoire du *Rata*

L'année dernière, le traversier flambant neuf qui reliait Buca Bay au Korean Wharf a coulé. Trop chargé, il a pris la mer par un soir de tempête et il a frappé un banc de corail peu après son départ du quai. En 15 minutes, de traversier qu'il était, il est devenu site de plongée.

On l'a remplacé par un vieux pout-pout pourri nommé *Rata*.

D'une douzaine de mètres de long, le *Rata* accueille à son bord plus de passagers qu'un 727 plein à craquer. Moyen le plus économique pour faire la traversée de trois heures entre les deux îles, il est prisé par les gens de la place qui n'ont pas une fortune à dépenser.

Ce soir, il n'y a aucun touriste à bord. Juste un tout petit Bruno assis entre deux Fidjiens de six pieds.

Le capitaine, sur le pont, regarde au loin en soupirant, les mains sur les hanches. La mer est agitée. Le vent, qui vient de se lever, brise la crête des vagues et siffle par les trous de la coque rouillée. Le capitaine enfonce sa casquette sur sa tête. On peut lire sur son visage que la traversée sera difficile.

Un groupe d'Indo-Fidjiens, assis derrière moi, rigole et se lance

Visuel :
Détail tiré d'une facture
fidjienne de Bruno.

des boulettes de papier. Une grosse madame chargée de sacs d'épicerie s'est endormie, la tête sur l'épaule de son voisin amusé. Une vague frappe le bateau qui n'en finit plus de tanguer. Je ne partage pas le plaisir des autres passagers. Je commence déjà à avoir la nausée.

Le second du bateau, un jeune Fidjien d'une vingtaine d'années avec une afro « disco 1980 », bombe le torse, règle son veston et vient me saluer. Il s'appelle Apenisa. Il a l'air fier de porter son costume de marin. Il me demande d'où je viens. Il me dit qu'il aimerait bien venir au Canada, un jour, pour jouer au rugby. Il me souhaite une bonne traversée.

Je le remercie. Mais je me dis que j'ai encore le temps de changer d'idée. C'est bien beau de vouloir vivre comme les autochtones, c'est pas une raison pour mourir avec eux.

Au moment où j'élabore un plan de sortie en douce, l'ancre est levée. Shit.

Le bateau s'engage dans la baie. Les flots sont déchaînés. Pas de doute, entre les deux îles, ça va brasser.

Apenisa me lance un clin d'œil. Il vient se placer devant les passagers, une ceinture de sauvetage autour du cou, et se met à donner des consignes de sécurité, sur un ton qui n'entend pas à rire :

- S'il vous plaît, écoutez-moi ! En cas d'accident, vous devez savoir que les ceintures de sauvetage sont situées dans les caissons, sous les bancs. Chacun devrait en avoir une. D'habitude, il y en a assez pour tout le monde. S'il en manque, les mères devraient partager leur ceinture avec leur enfant.

Rassurant. Était-ce une blague ?

- Et voilà comment vous devez porter la ceinture de sauvetage. Il s'agit de passer la tête dans le trou, en avant. Et d'attacher les sangles, de chaque côté.

Il mime le geste. Derrière moi, les Indo-Fidjiens continuent toujours de rigoler et ne portent pas du tout attention à la présentation en cours. Apenisa, agacé, les fusille du regard. Il grimace, secoue sa tête frisée et hausse le ton, en leur direction.

- Hé ho! J'ai dit écoutez-moi!

Surpris, ils se taisent. Il se met aussitôt à les *blaster*.

- Vous vous pensez intelligents ou quoi? Si jamais le bateau était renversé, qu'est-ce que vous feriez? Hein? En plein milieu de la mer, pensez-vous que vous seriez capables de nager? Dans des vagues de trois mètres, en pleine nuit, croyez-vous que vous pourriez survivre? Hein?

Silence à bord. Comme les autres passagers, je suis sidéré. J'ai le goût de plonger à l'eau et de retourner au quai. Le jeune homme, satisfait de son effet sur le groupe, met le paquet.

- Sans ceinture de sauvetage, vous allez vous noyer!

Il nous montre du doigt, un à un.

- Tous! La ceinture de sauvetage pourra vous permettre de flotter, pendant au moins 12 heures!

Il sourit.

- Et surtout ne paniquez pas! Nous vous enverrons de l'aide!

Bravo, Apenisa. Les passagers sont au bord de la panique. Gonflé à bloc, il conclut alors son discours, les deux bras dans les airs, à la *Rocky*.

- Mais le plus important, c'est d'avoir le désir de survivre! *The will to live*!

Ouf. Quelle performance! J'ai envie d'applaudir, mais je me lève pour aller vomir.

La traversée durera une heure de plus que prévu. La seule fois où j'ai été aussi malade, c'est à 16 ans, après une brosse au Pernod à La Ronde.

Mais nous y sommes arrivés.

Avant de débarquer, je suis allé voir Apenisa. Je lui ai dit qu'au Canada il y a des pumas, des ours polaires et des grizzlis en liberté, et que le plus petit joueur de rugby mesure huit pieds.

Le pas léger, je suis descendu sur le quai.

Le *Lady Lo II*

(Acte un)

CHRONIQUE # **010**   26 août 2004
› [12—Z]   **Port de Suva, <u>îles Fidji</u>**

Les gens de la mer vous le diront: quand on fait le tour du monde sur un voilier, on se fait toujours poser les trois mêmes questions. Dans le désordre, elles sont: Avez-vous déjà vu des pirates? N'avez-vous pas peur des tempêtes? Que faites-vous le soir?

Quand je lui pose la première des trois questions, Bill s'esclaffe. Il connaît trop bien la *drill*.

Bill et Teri sont deux retraités. Californiens d'origine, ils parcourent les mers depuis six ans, à bord du *Lady Lo II*, un magnifique voilier de 30 pieds et quelque.

Dieu qu'il a de la gueule, le *Lady Lo II*. Bien que je ne connaisse rien aux voiliers, je sais parfois distinguer le vrai du faux du tape-à-l'œil, et le *Lady Lo II*, ancré au milieu d'une dizaine d'autres yachts au port de Suva, les fait tous paraître pâlots et maigrichons. Un seul coup d'œil suffit pour vous convaincre que, du troupeau de bateaux, il est manifestement l'alpha, le mâle dominant; et, ce soir, dans la baie, si la mer sombre était nuit étoilée, il en serait le phare étincelant: la Croix du Sud*.

(Je viens de lire *Life of Pi*... ça paraît-tu?)

Quand j'ai demandé à Bill ce qu'il était advenu du *Lady Lo I*, il m'a simplement répondu: Tu ne veux pas le savoir, garçon «*ya don't wanna know, boy*», sourire en coin.

Ça y est, un autre désastre, que je me suis dit. J'ai ri.

Pourquoi pas. Après ma mésaventure de la semaine dernière sur le *Rata*, quoi de mieux que de passer deux semaines entières sur un bateau, à louvoyer doucement entre les îles du Pacifique? *Silly me*!

* L'équivalent de notre étoile Polaire dans l'hémisphère Sud.

De toute façon, ma décision était prise, et mon backpack déjà dans la soute.

Oh! Vous vous demandez peut-être comment j'ai «amerri» là? Non?

Je vous l'explique quand même.

Il y a beaucoup de travail à faire sur un voilier et Bill aime bien embarquer des backpackers pour l'aider, de temps à autre. (Sa femme Teri, j'en suis moins certain; sur le quai, elle ne sourit pas beaucoup, ce qui me semble étonnant pour quelqu'un qui profite de la vie comme elle le fait. M'enfin.) Et dans les cafés Internet ou les *backpacker hostels*, on peut afficher gratuitement sur un tableau la requête de son choix. Ça va du «voyageur qui possède une voiture et qui veut partager la route avec quelqu'un», à celui qui «cherche à se débarrasser de ses bottines d'escalade», jusqu'au «couple de retraités californiens à la recherche d'un marin».

C'est celle-là qui m'a attiré.

Bill correspond parfaitement à l'idée que je me suis toujours faite d'un capitaine de bateau. Les yeux bleus, la grosse barbe blanche, la casquette de Paolo Noël. On s'est rencontré sur le quai. On s'est dit qu'on devrait peut-être en profiter pour partager une plongée.

«*Good morning, boy*!» Bill m'a serré solidement la main. J'y ai aussi mis du nerf, question de ne pas lui sembler trop moune. Ça a donné une vraie poignée de main d'hommes: l'énergie passe ou ne passe pas.

Elle est passée.

Je lui ai tout de suite avoué mon ignorance de la voile, des bateaux et de la navigation en général. Ce qui n'a pas semblé l'effrayer, à ma grande surprise.

«Tu l'apprendras donc de la bonne façon, *boy*», qu'il m'a dit en me sacrant une grosse tape de capitaine de bateau dans le dos. Son ton paternaliste et sa façon de m'appeler «boy» — avec son épais accent de la Californie — aujourd'hui me font rigoler. Mais je sens que, dans une semaine, ça va me taper sur les nerfs en tab...

Je devrais peut-être lui dire que j'ai 40 ans et que j'ai un fils de 18 ans qui va venir me rejoindre en Thaïlande pour Noël... Ah, je ne vous l'ai pas dit ? Eh oui, Boris commence à penser à faire un bout de chemin avec papa. Ce serait *cool*, qu'il m'écrit dans son dernier courriel.

Effectivement, ce serait très *cool*.

Plus tard, au dortoir du South Sea Hotel, je n'arrive pas à fermer l'œil. Même si, ce soir, exceptionnellement, le silence règne dans le dortoir. Car Bill me l'a assuré.

Beau temps mauvais temps, demain, on lève les voiles.

Allez, on se reparle sur l'eau ?

En passant, aux trois questions, Bill a répondu non.

Bill   Teri

Photo : Bruno Blanchet
Bruno B. parti en plongée avec Teri et son mari Bill, propriétaire du *Lady Lo II.*

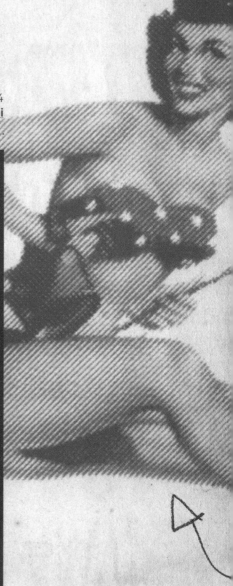

Le *Lady Lo II*
(Acte deux)

La girouette sur le mât indique un vent du sud.

Bill part les moteurs. Nous devons d'abord sortir de la baie, ensuite seulement, nous pourrons hisser les voiles. Il s'agit d'abord de bien placer le bateau dans le vent.

Et sortir d'une baie ne se fait pas de n'importe quelle façon. Il y a du trafic et, même s'il n'y a pas de pointillé blanc, il y a bel et bien une route, à deux sens, avec une bouée rouge et une bouée verte pour indiquer de quel côté devra être tribord ou bâbord, selon que l'on entre ou sort de la baie. Sinon, si j'ai bien compris, la priorité est à celui qui n'a pas un vent favorable. Toutes des choses que j'ignorais jusqu'à présent.

Ce voyage risque d'être fort intéressant.

Au sortir sur l'océan, le vent prend de l'importance. Pour la première fois, je vois Teri sourire. Je comprends maintenant son air bête sur le quai. Cette belle grosse madame, elle est heureuse au large.

Bill me demande de l'aider pour placer le *boom*, soit la barre transversale du mât qui donnera à la voile l'angle désiré. Il m'apprend mon premier nœud marin. C'est comme ça, puis par en dessous, puis comme ça et comme ça. Et ça tient.

Bill jette un dernier coup d'œil à la girouette, puis il hisse la voile.

Tiens-toi bien, garçon, «*Hold on, boy*», qu'il me lance en souriant. Aussitôt la voile tendue, je saisis. Le voilier prend un angle d'à peu près 45 degrés et fonce à toute vitesse, en silence, à travers les vagues.

Je ne sais pas si vous savez, mais un plancher incliné, ça penche en chien. La vie risque de prendre une drôle de perspective ! Nous sommes soudainement dans un décor expressionniste allemand. Youpi ! C'est le bateau du *Docteur Caligari*.

Immédiatement, Bill me demande de prendre le gouvernail.

« *Come on, let's steer that ship, boy* ! »

Je crois à une blague. Bill voit bien mon étonnement.

Pas de raison pour attendre, *boy* !, qu'il me dit en me poussant vers la cabine et en me faisant presque perdre pied.

Un peu inquiet, je m'installe derrière le gros steering d'acajou. Bill m'indique le compas. Il m'explique que je dois m'assurer qu'il indique toujours la même direction : le nord-est. Les autres appareils — l'indicateur de profondeur, l'autre qui mesure la vitesse du vent (dont j'ai oublié le nom) et l'autre patente qui sert à de quoi (dont j'ai pas compris le nom) —, il me les expliquera plus tard, quand ils me seront nécessaires. Sinon, il y a des mappes sur le mur et un calendrier de filles « tounues ». Dessus, il y a Miss September. Un méchant pétard. Des seins comme des obus, les lèvres d'Angelina Jolie et des fesses comme Belle Pitoune. Wow.

Pour la toute première fois de ma vie, j'ai un peu hâte au mois d'octobre.

Bill me tape sur l'épaule.

« Et regarde droit devant, *boy*, les filles, c'est pour le soir ! » qu'il me dit en rigolant.

J'empoigne le gouvernail, je fixe le regard sur l'horizon et, franchement, je m'en tire pas mal.

Le soir, alors que nous sommes ancrés au milieu d'une jolie baie, devant la plage de sable blanc d'une île déserte, Teri nous sert un copieux repas. Du steak et des patates.

Après le souper, je monte sur le pont. La nuit est noire. Il n'y a pas d'étoiles dans le ciel et je suis déçu. Je m'attendais à voir du spectaculaire. La Voie lactée, genre style.

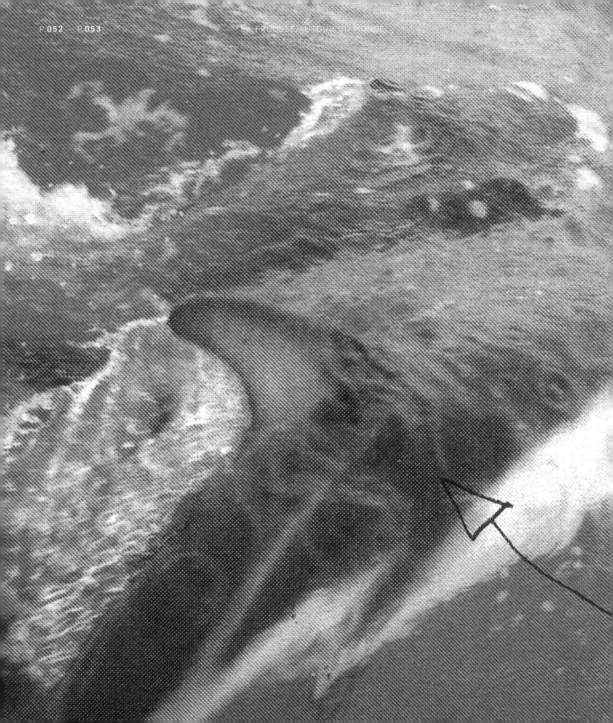

Mais dans l'eau — phénomène étrange — la ligne de l'ancre a l'air d'un long tube au néon. Elle brille comme si on l'avait branchée sur le 220! Je descends chercher Bill.

«Oh, ça, ce sont des planctons luminescents, m'apprend Bill. Attends, je vais te montrer quelque chose», qu'il ajoute, mystérieux.

Il empoigne alors la chaîne de l'ancre et la secoue doucement. Le plancton, qui s'était agrippé à la ligne, se met à virevolter dans toutes les directions.

En un instant, des milliers de minuscules lumières qui pétillent autour du bateau remplacent d'une très jolie façon les étoiles qui ne sont pas au rendez-vous.

Maudit beau show.

C'est Flipper!

Le lendemain matin, une bande de dauphins s'amusent à sauter autour du bateau. C'est comme dans les vues. Je prends une photo. Puis, au loin, une baleine immense et son baleineau. Mauvais timing. La batterie de la caméra est à plat. C'est toujours comme ça.

Teri adore les baleines. Elle dit qu'elle les attire. Curieusement, au même moment, la baleine semble remarquer notre présence. Elle s'arrête et se met à nager dans notre direction. *Full pin*. Comme un train qui fonce sur un camion. Sommes-nous au milieu d'une intersection? Teri appelle Bill sur le pont. Il fronce les sourcils.

Oups. Ça ne tourne pas rond...

À suivre...

Photo: Bruno Blanchet
Des dauphins comme dans les vues.

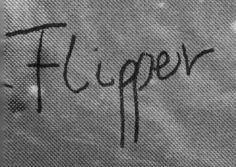

Le *Lady Lo II*

(Acte trois)

Dans le dernier épisode, Bill, Teri et Bruno, sur un voilier, voient foncer sur eux une immense baleine et son baleineau. S'en sortiront-ils vivants?

(Musique dramatique.)

Il n'y a plus aucun doute. La baleine, accompagnée de son petit, a fait volte-face et fonce droit sur nous.

« Qu'est-ce qu'on fait? » hurle Teri.

« On s'accroche! » lui répond Bill, solide.

J'empoigne la rambarde. La baleine continue de s'approcher dangereusement. Il est maintenant clair qu'elle est au moins deux fois plus grosse que le bateau.

« *Holy f...* » laisse échapper Bill, en constatant le volume du cétacé.

C'est complètement absurde, que je me dis. Je suis dans *Moby Dick*! J'ai les jointures blanches, tellement je serre fort le tuyau.

Teri s'enroule autour du mât.

La baleine n'est plus qu'à une dizaine de mètres du voilier. J'ai envie de fermer les yeux, mais le spectacle est trop impressionnant. Et j'ai toujours dit que je voulais mourir les yeux ouverts. Mourir dans mon sommeil? *No way, Jose!*

La mort, je veux lui voir la face.

Mais j'étais loin de penser qu'elle avait une tête de poisson.

Plus que cinq mètres, ça y est, adieu veaux, vaches, cochons!

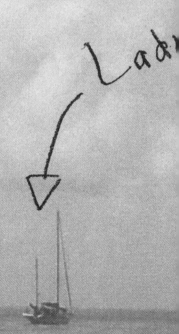

Crash bing bang boum plouf! C'est l'heure de la grande conclusion!

Je serre les dents.

Un étrange silence marque l'impact. Puis, plutôt qu'une terrible secousse, aucun mouvement. Comme un arrêt dans le temps.

Faut croire que l'énorme gracieuse, bien qu'aussi grosse qu'une montagne, au dernier moment s'est retournée; et doucement, très doucement, elle se frotte maintenant le flanc contre la coque du *Lady Lo II*.

Sans un bruit, elle nous sert une immense caresse.

Étonnés, nous nous penchons tous par-dessus bord pour regarder le cétacé.

Juste à temps pour voir son visage émerger de l'eau.

Fantastique.

De sa bouche, je garde l'impression d'un large sourire. Son œil, de la dimension d'un ballon de football, m'a laissé croire qu'elle voulait nous dire quelque chose. Puis, son évent, dans lequel j'aurais pu plonger, s'est ouvert, béant, pour laisser s'échapper un jet d'eau qui ressemblait plus à un soupir qu'à une fontaine; et avec sa queue, elle a semblé nous saluer, avant de replonger dans les profondeurs de la mer. Le petit de la baleine, resté derrière, nous a jeté un bref coup d'œil, coquin, et il a fait comme sa maman. Il est retourné au fond de l'océan.

Bill s'esclaffe.

« *Well... She must have had an itch, boy*! » — traduction libre: ça devait lui piquer dans le dos, garçon! — qu'il me dit en rigolant.

Teri, rassurée, cherche un mot pour expliquer comment elle se sent.

« *Incredible* », qu'elle dit, tout simplement.

Oui. Incroyable. Elle a raison, Teri. Tout ça, c'est de la pure science-fiction.

Je ne saurais pas vous dire ce que j'ai vu dans l'œil de la baleine cet après-midi, mais je l'ai aussi vu dans l'œil de Bill, au souper. Plus tard, je l'ai perçu dans l'œil de Teri sur le pont, au coucher du soleil. Puis dans le mien, devant le miroir, en me brossant les dents avant d'aller me coucher.

Et je crois que ça doit être quelque chose comme de l'humanité.

C'est décidé: à partir d'aujourd'hui, je ne mange plus de baleine.

Photo: Bruno Blanchet
Le *Lady Lo II*,
tout petit au loin, comme
à côté d'une baleine.

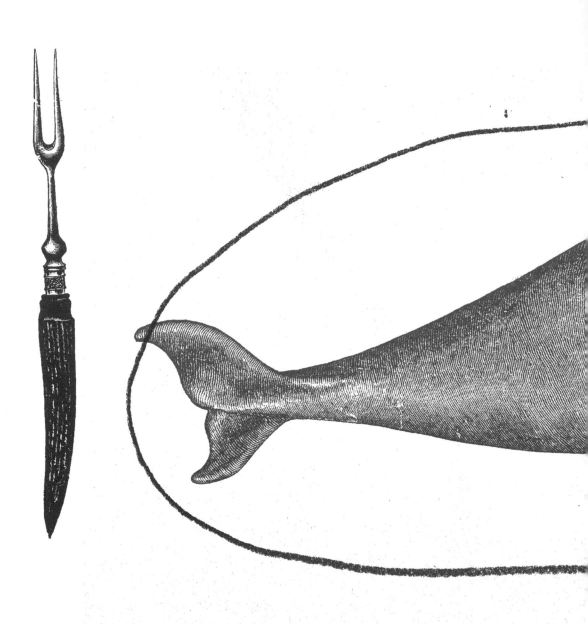

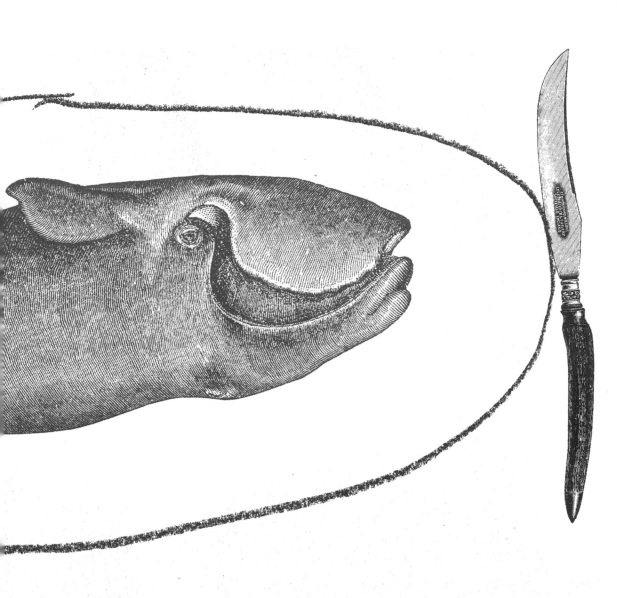

Doug

CHRONIQUE # **013**

› [12—Z]

16 septembre 2004
Dolphin Bay, îles Fidji

Après mon aventure en bateau, loin d'être las de l'eau, je suis retourné au centre de plongée de Dolphin Bay pour y suivre le cours de maître plongeur. Tant qu'à y être, allons jusqu'au bout ! De toute façon, je n'ai pas le choix : je suis accro.

Pour les quatre ou cinq prochaines semaines, je serai donc très occupé à étudier des manuels de plongée et à guider des sorties en mer. J'ai cru devoir interrompre ma correspondance avec vous pour un petit bout de temps — pas grand-chose à vous relater, sinon qu'il y a de beaux poissons, des coraux formidables et que, sous l'eau, je suis de plus en plus à l'aise — et ça me rendait franchement un peu triste.

Mais ce matin, il m'en est arrivé une « pas pire ».

Visuel :
<u>Carnet de</u>
<u>plongée</u>
<u>de Bruno.</u>

FIDSI		
Conditions:	GOOD	
Objectives:	OW 2	

P.G.	Time in	Depth	Time	
A	15 : 00	45'	30 MN	
	Time out			
	15 : 35			

y:

ture:

Dive Log

Vuna Reef Diver
Taveuni, Fiji Islands

Boxer

Il est midi. Je viens de prendre une douche. J'en avais bien besoin. Et c'est de la plage que je vous écris (c'est pas pour faire mon « frais » : c'est parce qu'il n'y a pas de mouches sur la plage). L'ordinateur sur les genoux, les deux pieds dans le sable, à l'écart des cocotiers — les cocotiers ont cette particularité de laisser tomber des noix de coco —, je regarde monter la marée. La lune étant au milieu de son cycle, la marée est douce. « C'est un murmure », qu'on dit ici — on l'appelle d'ailleurs « *the whispering tide* ». Les oiseaux chantent, il pleut sur Taveuni, l'île d'en face — il pleut toujours sur Taveuni ! —, et les chiens, Boxer et Sox, s'amusent à se mordre la face. C'est leur jeu préféré.

Boxer me fait rire. Il a une tête de gremlin. Qu'il est laid ! Il a sept ans et en paraît 20. Je suis certain qu'il est le résultat d'un croisement entre un chihuahua et autre chose qu'un chien. Sox, lui, est un bâtard brun. *That's about it.* Pas grand-chose d'autre à ajouter sur lui, à part qu'il est un peu fou et toujours celui qui part le bal. Et en ce moment, je me demande sérieusement où les chiens trouvent l'énergie pour se chamailler. Après ce qu'ils ont fait tout à l'heure. Trois points de suspension.

Doug habite à côté du centre de plongée. Locateur de toute la baie, il vient de Nouvelle-Zélande, mais a passé les 15 dernières années ici, à Vanaira, à faire sécher le copra, la chair de noix de coco — 500 piasses la tonne — et à s'occuper de ses deux frères handicapés mentaux, Robert et Ronald.

Si j'ai intitulé cette chronique «Doug», c'est que ce qui vient de se passer est un peu beaucoup grâce à lui. Ou encore «de sa faute», selon le point de vue que vous aurez choisi.

Un beau vieux monsieur, ce Doug. Il ressemble à Sean Connery très bronzé. Cinquante-huit ans, né dans l'île de Nanuya Levu — l'île qu'on nomme aujourd'hui Turtle Island, sur laquelle les stars américaines viennent passer leurs vacances à l'abri des paparazzis — d'une maman fidjienne et d'un père néo-zélandais, Doug a tout laissé tomber, à la mort de sa mère en 1990, pour éviter à ses frères l'internement : un bon travail à Auckland, sécurité d'emploi, grosse maison, tout le tralala. Il vit ici dans une maison sans fenêtre et sans électricité. Mais ses deux frérots sont en liberté.

L'année dernière, un cyclone a emporté le séchoir à noix de coco. À court de ressources pour le rebâtir, Doug a dû trouver d'autres moyens pour survivre.

Un de ceux-ci est la chasse au cochon sauvage.

Doug est rapidement devenu un expert dans la région. Déjà chasseur à l'occasion — par nécessité, car, dans un pays en voie de développement, y'a pas souvent de jambon au Provigo —, il a perfectionné son art en parcourant inlassablement les vallées environnantes, à la recherche de signes, de traces, d'odeurs, d'excréments ou de tout ce qui a trait aux mœurs des porcinés. Maintenant, il sait où ils boivent, les cochons, où ils dorment, les cochons, et où ils se roulent dans la boue; il sait où ils se cachent le jour, quand il fait soleil, et où ils courent librement, après la pluie.

P.G.

Time in
10 : 00

Time out
10 : 45

Comments: NICE!
...wTOUR : ER
...eef squid
...y zard fish

Robert   Ronald   BUDDY w Veron...

...tor/Buddy:

...ng signature:

Photo:
Bruno Blanchet
Robert et Ronald,
ce sont les deux
frères handicapés
mentaux pour qui
Doug a tout quitté
afin de s'établir à
Dolphin Bay.

Jusqu'à hier, Doug a toujours flairé et chassé le cochon en solo, armé d'une lance et d'un couteau. Des cochons sauvages pas gentils du tout, qui peuvent peser jusqu'à 40 kilos. Mais ce matin, il a emmené avec lui deux néophytes, pas chasseurs pour deux sous, et un peu épais en la matière : Petr, un maître plongeur d'Autriche, et Bruno, un bozo du Canada. Et le résultat ?

Une catastrophe. Un vrai massacre.

(Musique de film d'horreur.)

Un bain de sang !

Suite la semaine prochaine...

Doug, la suite

CHRONIQUE # 014
› [12—Z]

23 septembre 2004
Dolphin Bay, îles Fidji

Petr

Il est 6 h. Le soleil se lève. J'y pense. J'assiste *live* au premier lever de soleil de la Terre ! Alors que vous, vous êtes encore pognés avec hier, nous, nous sommes déjà aujourd'hui.

Hum... Je pourrais faire une fortune en prédisant l'avenir. Voulez-vous savoir comment votre journée s'est terminée ?

Très bien, merci, mais surveillez votre alimentation, surtout les Taureaux, les Béliers et les Lions. Attention les Vierges, un Gémeaux pourrait changer votre vie. Signe chinois ? Dure journée pour les cochons...

Petr prépare le café. Je me suis habillé à la Rambo. Lui aussi. Ça nous fait rire.

Doug se pointe à l'horizon. Au bout de la plage, à contre-jour, sa silhouette est imposante. Deux mètres de haut, torse nu, il porte la jupe traditionnelle — *le sulu* —, une machette à la main, une lance dans l'autre, il tient une espèce de vieille carabine sur son épaule. Un fusil qu'on dirait tiré d'un film de cape et d'épée.

« C'est la 303 de mon grand-père ! Il l'a utilisée lors de la Guerre des Boers, en 1899... », qu'il nous dit fièrement comme si c'était un fait historique avec lequel nous avions grandi. Nous sourions, polis.

Doug offre la machette à Petr. J'hérite de la lance : un long et lourd tuyau de métal rempli de ciment avec un bout pointu. Petr lui sert un café. Doug nous toise de la tête aux pieds, avec une moue agacée.

Douglas

Moi

Photo:
Bruno Blanchet
En bédaine, c'est
Petr, Gouglas
et moi, avant de
partir à la chasse
au cochon.

«Vous m'enlevez ces chemises et ces pantalons immédiatement! Nous allons chasser le cochon comme dans le temps: en *sulu* et en running shoes!»

J'ignore ce que «dans le temps» signifie, mais l'idée d'aller chasser le cochon sauvage «en jupette pas de bobettes» réveille un petit Tarzan dans mon inconscient. «Sauter de liane en liane, le sac à l'air, libre. Hi hi. Cool.» Petr s'inquiète des moustiques.

- Fuck the mosquitoes! lui répond Doug, imperturbable.

Nous sommes entre bonnes mains.

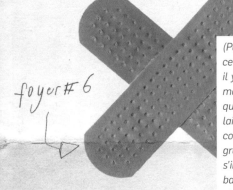

foyer #5

foyer #6

foyer #4

foyer #9

(Parenthèse: avez-vous eu beaucoup de moustiques cet été? Ici, c'est l'enfer. En plus des moustiques, il y a parfois, le soir, ce qu'on appelle la sand fly, ou mouche de sable: un genre de mini-mouche noire qui se glisse jusque sous vos vêtements et qui vous laisse avec une jolie bosse qui pique en sacrament. Un conseil — très important —, ne vous grattez pas! Car un grattage trop intense ouvre une plaie qui ensuite s'infecte [l'infection du Pacifique], et une vilaine bactérie se met alors à creuser un cratère dans votre chair pour aller se loger dans le sang et causer un empoisonnement qui peut entraîner votre mort. Rien de moins! Si on est atteint, on doit traiter l'infection au sulfate de magnésium, aux deux heures, et couvrir le bobo d'un nouveau plaster chaque fois. Pourquoi je vous dis tout ça? Parce que j'ai neuf foyers d'infection. Je suis écœuré. Je commence à penser à acheter la compagnie Elastoplast. Enfin. De parenthèse.)

foyer#7

Les hautes herbes trempées de rosée nous fouettent le visage et le corps. L'avancée est difficile, la pente est raide et Petr a peur des araignées. Doug mène le trio. Petr suit. Je ferme la marche. Les chiens courent dans toutes les directions.

Je dois apprendre à marcher dans le bush avec ma lance. J'ai failli crever un œil à Petr il y a deux minutes. Première leçon : avant la chasse, on place le bout rond devant. En passant, saviez-vous qu'un cochon sauvage peut tuer un lion? Non? Moi non plus. Et Doug a vraiment bien choisi le moment pour me l'apprendre, car, au moment où on s'arrête au sommet pour jaser et manger une banane, on entend un effroyable grognement.

La suite la semaine prochaine, évidemment.

foyer#1

foyer#2

foyer#3

foyer#8

Doug, suite de la chasse au cochon fidjien

CHRONIQUE # 015

› [12—Z]

30 septembre 2004
Dolphin Bay, îles Fidji

Un second grognement est immédiatement suivi d'aboiements furieux. Ma banane passe de travers. Doug avale la sienne d'un trait, lance la pelure par-dessus son épaule, saisit son fusil et, en deux secondes, il est sur ses deux pieds, prêt à passer au combat.

« *That is where the fun starts, young men!* » Il charge son arme.

Petr se tourne vers moi. J'ai l'impression de me regarder dans une glace. Je lis sur son visage la même inquiétude qui me tord le dedans. Non, c'est pas le fun qui commence. C'est la vraie affaire.

Doug s'enfonce dans le *reed*, une dense végétation où se terrent les cochons. Un chien hurle. Un autre aboie. Le cochon grogne. Chigne. Crie. Doug presse le pas. Derrière, je vous jure qu'on se dépêche à le rattraper! Savoir qu'il y a une 303 entre la bête et nous, ça nous fait sentir un peu plus en sécurité. Malgré tout, le cœur me bat dans les tempes.

Bâtard. Jamais je n'aurais cru avoir peur d'un *fucking* cochon.

Dans la clairière, le spectacle qui s'offre à nous est terrifiant. Les chiens ont encerclé le cochon. Un gros, un mâle, qui s'est assis pour ne pas se faire bouffer les couilles. Tour à tour, les gentils chiens-chiens lui mordent les pattes, la face, les fesses. Apollo, le plus vieux des chiens de Doug, s'est emparé d'une oreille et la déchire à coups de dents. Le cochon se débat avec «l'énergie du désespoir», comme on vous dirait à *La Soirée du hockey* (en passant, est-ce que ça revient cette année?).

Doug vise, puis baisse son arme. Le risque de tirer sur un des chiens est trop grand et il serait impossible de leur faire lâcher prise: ils ont goûté au sang. Doug me jette un coup d'œil. Oh oh.

«*Go get it*, Bruno!» qu'il me lance, l'œil brillant.

Shit. Je remets le bout pointu devant. Je souffle un coup et je m'avance doucement, en chiant dans mon *sulu*. Alors que je suis en train de me dire que je n'ai aucune idée de ce que je dois faire, le cochon, qui s'est libéré de l'emprise d'Apollo — en fait, il lui a laissé son oreille —, décide de charger. Il fonce, droit devant. Et c'est quissé qui est là, vous pensez?

Bibi!

Prenant mon courage à deux mains, je me sauve. Je me retourne et pars à la course. Je pile dans la boue et je perds mon running shoe. Ma jupette s'accroche à une branche et je perds mon *sulu*.

Dans le temps de le dire, je suis «tout nu», dans la jungle, un cochon enragé sur les talons!

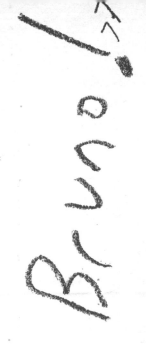

Un vrai cochon, une vraie jungle, un vrai gars tout nu qui court. Je n'y aurais jamais pensé à celle-là.

On croise Petr qui s'élance et frappe le cochon avec sa machette. Le coup, solide, lui ouvre une entaille dans le milieu du dos qui n'a malheureusement aucune incidence sur sa course. Le cochon renverse Petr d'un coup de tête. Pas de doute, je suis le prochain sur la liste. Je sens le souffle de la bête entre mes fesses.

Puis, un coup de feu retentit.

(Musique de fin d'émission de Batman.)

Le cochon est-il mort? Bruno est-il touché? Qu'adviendra-t-il de nos héros? La suite la semaine prochaine, lors de l'épisode «Doug, suite et faim»!

(Out musique.)

Doug, suite et faim

CHRONIQUE # 016

› [12—Z]

7 octobre 2004
Dolphin Bay, îles Fidji

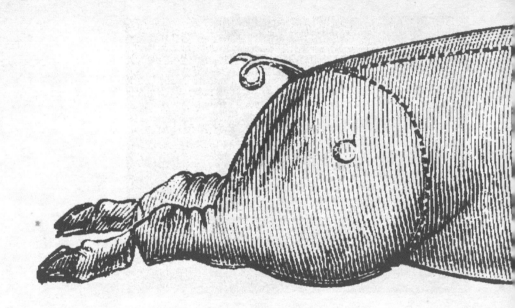

Derrière moi, le cochon semble avoir stoppé sa course. Essoufflé, je m'arrête.

Atteint au flanc, l'animal s'est affaissé. Loin d'être mort, il continue de se débattre (avec ce que vous savez déjà) et il tente de se relever. Les chiens accourent. Le cochon hurle. Son cri me fait frissonner. C'est le cri d'une bête qui va mourir, et qui le sait.

Les chiens s'approchent, toutes dents dehors, bouches ensanglantées. J'ai pas du tout envie de les voir déchiqueter le pauvre cochon de nouveau.

« *Kill the motherf...* » me crie Doug.

Il n'a pas le temps de finir sa phrase. Ma lance a déjà transpercé le poitrail de la bête, qui laisse échapper un dernier souffle. Enfin. Sa souffrance est terminée.

Je retire la lance, bouleversé. Tout nu, j'ai du sang sur les mains, dans la bouche.

J'ai tué.

Le soir, au village, c'est la fête. On prépare un *lovo* - une méthode de cuisson par enfouissement, sur des pierres chaudes recouvertes de feuilles de bananiers -, et tout le monde est invité, car il y a suffisamment de cochon. Les enfants s'amusent. Les femmes débitent la viande. Les hommes boivent le *kava*. Doug raconte notre histoire de chasse. Les hommes rigolent. Les femmes se cachent le visage et rougissent pendant la description que fait Doug de mon appendice. Malgré le côté burlesque de notre aventure, je vois bien que Doug est fier de nous. Même Beate, copine de Petr et végétarienne enragée, n'est plus fâchée. Elle sourit, plutôt, à la vue des mines réjouies de ces gens qui ont souvent bien peu à se mettre sous la dent.

Et il y a de quoi sourire : s'il y avait un barde attaché à un arbre, la scène ressemblerait, dans sa version tribale, à la dernière image, belle et bruyante, d'un album d'*Astérix*.

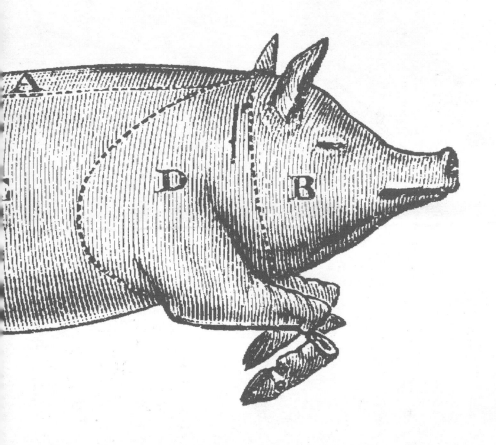

moi

Roland l'instructeur
de plongée

Les déguisements de Papaous,
c'est ~~des~~ avec un élève de plongée
dont je ne me souviens plus du
nom, et Roland, l'instructeur.
On se faisait des soupers thématiques
à l'occasion... Faut bien trouver
à déconner sur une île déserte!

Comme vous pouvez voir, les
ressources étaient minces côté
déguisement, alors c'est tout
ce qu'on a trouvé à faire avec
des bambous!

C'est sur cette dernière image que je vous dis au revoir. Je dois interrompre la correspondance pour quelques mois et, malheureusement, je ne peux pas vous révéler la raison de ce black-out temporaire.

Entoucas, pas tout de suite. Vous comprendrez quand je vous écrirai la prochaine fois. Ce n'est rien de grave. Au contraire. C'est très tripant.

Je ne vous en dis pas plus.

À tous ceux qui m'ont écrit sur le Net (merci!), je tiens à dire que, si je ne réponds pas à vos courriels — et j'en suis navré —, ce n'est pas de l'ingratitude; c'est parce que je n'ai pas accès à Internet dans mon île déserte. Merci de votre compréhension.

J'aimerais aussi remercier (oh! on se croirait aux Gémeaux!) les lecteurs et les lectrices qui ont pris le temps, jusqu'à présent, de partager mon beau voyage. Ç'a peut-être l'air con à dire, mais, quand j'écris en me disant que vous me lirez, chez nous, je me sens un peu plus près de la maison. Et ça me réchauffe. Parfois, bien concentré, j'ai l'impression de presque vous entendre réagir. J'écris alors au son de « Maudit toton! », « Maudit pissou! », « Maudit plein de m... » et toutes ces expressions qui, quand elles parviennent au bout du monde, deviennent jolies et rassurantes.

Je vous laisse sur une scène classique de la vie aux îles Fidji, une histoire tirée d'un article paru dans le journal *Fiji Times* de la semaine dernière, intitulé « Only in Fiji ».

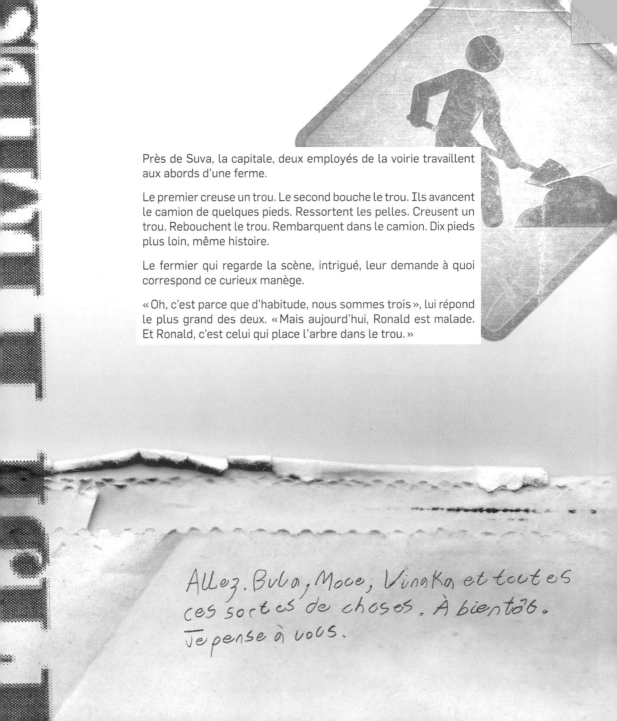

Près de Suva, la capitale, deux employés de la voirie travaillent aux abords d'une ferme.

Le premier creuse un trou. Le second bouche le trou. Ils avancent le camion de quelques pieds. Ressortent les pelles. Creusent un trou. Rebouchent le trou. Rembarquent dans le camion. Dix pieds plus loin, même histoire.

Le fermier qui regarde la scène, intrigué, leur demande à quoi correspond ce curieux manège.

« Oh, c'est parce que d'habitude, nous sommes trois », lui répond le plus grand des deux. « Mais aujourd'hui, Ronald est malade. Et Ronald, c'est celui qui place l'arbre dans le trou. »

Allez. Bula, Moce, Vinaka et toutes ces sortes de choses. À bientôt. Je pense à vous.

Travail au noir

CHRONIQUE # **017**

> [14—Y]

25 novembre 2004
Queenstone, Nouvelle-Zélande

Voilà. Si je ne vous ai pas écrit depuis deux mois, c'est que je m'étais trouvé un boulot de G.O.— guide-de-plongée-sous-marine dans un club de vacances aux îles Fidji. Et comme je bossais en toute illégalité — c'est-à-dire sans permis de travail —, j'ai préféré ne pas faire de vague avec mon histoire de plongée. De toute façon, un G.O. n'a rien de vraiment excitant à raconter, à part les trois «S» : *sea, sex and sun*... (Voix d'annonceur : « Vous trouverez tous les détails croustillants de cette aventure dans le livre *La Frousse autour du monde*, à paraître cet automne. »)

Visuel :
Dessin extrait du journal de Bruno.

Mais je peux quand même vous parler de la fois où, après ma centième plongée, toutes les filles du club sont sorties et m'ont fait une jolie petite ovation. J'étais fier. J'étais touché.

Au milieu du groupe, il y avait Mavis, la belle Mavis, une grande princesse en chocolat dont je suis éperdument amoureux — personne ne le sait, mais, la veille, nous nous sommes tenus par la main.

J'improvise alors un petit pas de danse lascive pour les faire rire (depuis que je suis parti, je suis plutôt réservé, mais il suffit qu'il y ait un public et hop ! le bozo revient au galop) et pour faire mon sexy (vous devriez me voir le body : muscle, bronzage, pas une once de gras, je suis beau). Et c'est alors qu'en faisant ma danse du petit paon, espèce de con, bang ! je me cogne l'orteil sur une roche.

Pas à moitié. Ça fait « crac ». AYOYE ! La douleur est tellement soudaine, tellement intense, que là, drette là, devant mon fan-club de fifilles, devant la princesse à qui je fais la cour depuis deux mois, je perds connaissance et je pisse dans mes culottes.

À part ça, à part ça, à part ça...

La fois où je me suis perdu dans la jungle, la nuit, en revenant d'un party au village d'à côté ? La fois où je me suis fait poursuivre par un taureau enragé ? Ou la fois où je suis tombé nez à nez avec un bullshark — un des requins les plus voraces — de presque 20 pieds ?

Fidji ! Que de beaux souvenirs !

J'avoue que j'ai eu ma part de malchances (j'ai souvent couru après le trouble, il faut dire), mais j'ai vraiment passé six mois extraordinaires. Avec des gens généreux, sensibles, formidables.

Quand je suis parti, il y a trois jours, tout le monde s'est réuni pour me chanter le *Isa isa*, une chanson hypertriste que les Fidjiens offrent à ceux qui s'en vont. Ça parle de deux amoureux qui doivent se quitter, mais qui promettent de s'aimer pour l'éternité. Au milieu du groupe, Mavis, ma belle Mavis, la tête baissée, en larmes, incapable de chanter. Je me suis mis à trembler. Mon cou ne savait plus tenir ma tête, mes jambes, le reste. J'ai senti le sol s'ouvrir sous mes pieds, et je me suis mis à sombrer. Dans un gouffre de tristesse. Les lunettes fumées embuées et des grosses larmes de crocodile qui tombent sur les clavicules. Mavis s'est écroulée dans mes bras. Nous nous sommes serrés fort. Si fort. Comme pour essayer, une dernière fois, désespérément, de se souder ensemble et de ne faire qu'un, inséparable.

Fuck.

Aïe. En voulez-vous des détails croustillants ? Ha ha ! Moi et ma grande gueule... Au risque de vous décevoir, pendant ces deux mois de pause, j'ai bossé très fort : couché tôt, sept jours sur sept, je me levais aux aurores pour préparer les équipements, et je guidais ensuite les plongées jusqu'à l'heure du lunch. Et le reste de la journée était consacrée à étudier de la chimie et de la physique, pour l'examen théorique de maître plongeur. Avec une pause, à 16h, pour jogger avec instructeur, et une autre, à 18h, pour boire une caisse de 24 et faire caisse ou sur la plage.

Photo : Bruno Blanchet
Bruno-l'instructeur revient de plongée avec deux élèves non
identifiés... *No se Jose...*

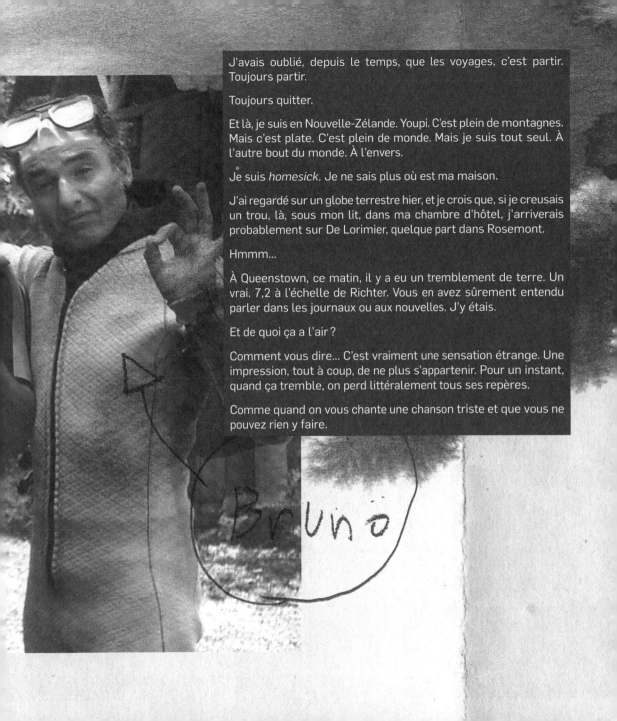

J'avais oublié, depuis le temps, que les voyages, c'est partir. Toujours partir.

Toujours quitter.

Et là, je suis en Nouvelle-Zélande. Youpi. C'est plein de montagnes. Mais c'est plate. C'est plein de monde. Mais je suis tout seul. À l'autre bout du monde. À l'envers.

Je suis *homesick*. Je ne sais plus où est ma maison.

J'ai regardé sur un globe terrestre hier, et je crois que, si je creusais un trou, là, sous mon lit, dans ma chambre d'hôtel, j'arriverais probablement sur De Lorimier, quelque part dans Rosemont.

Hmmm...

À Queenstown, ce matin, il y a eu un tremblement de terre. Un vrai. 7,2 à l'échelle de Richter. Vous en avez sûrement entendu parler dans les journaux ou aux nouvelles. J'y étais.

Et de quoi ça a l'air ?

Comment vous dire... C'est vraiment une sensation étrange. Une impression, tout à coup, de ne plus s'appartenir. Pour un instant, quand ça tremble, on perd littéralement tous ses repères.

Comme quand on vous chante une chanson triste et que vous ne pouvez rien y faire.

Bruno

Cher journal

La majorité des backpackers tiennent un « journal de bord » (surtout les filles) dans lequel on les voit souvent gribouiller, le soir, au souper. Je me suis amusé à imaginer de quoi aurait l'air le mien, ce matin...

Cher journal,

Je sais, je t'ai négligé ces derniers jours. C'est parce que je me suis fait une amie. Gillie. Comme dans guili-guili. Un nom qui lui va très bien car elle est drôle à mort. Elle est aussi Irlandaise. De Belfast. J'étais déprimé. Elle aussi. Ça a cliqué. On a décidé de ne pas s'ennuyer. Deux heures plus tard, au bar de karaoké de Queenstown (Nouvelle-Zélande) — la capitale des sports extrêmes, c'est là qu'a été inventé le bungee — nous interprétions *I Will Survive* en duo fou faux. Le lendemain matin, Gillie et moi, on sautait en tandem-bungee (j'ai quasiment vomi) et dans l'après-midi, nous avons conduit des vrais de vrais *monster* trucks. Tu ne peux pas t'imaginer à quel point ça fait plaisir, écraser des automobiles avec des gros pneus imbéciles. Le soir, nous sommes allés voir un spectacle de death metal maori. Le chanteur a smashé son ampli avec un didgeridoo. Puis, le dimanche, à Franz Josef — c'est un village sur la côte ouest —, nous avons grimpé sur un glacier en hélicoptère et nous avons marché jusqu'au sommet, après. C'était haut.

Lundi, Gillie est partie pour la Thaïlande. Moi, pour l'Australie. Aujourd'hui, donc, à Brisbane, il fait 32 degrés Celsius. Il n'y a pas un nuage dans le ciel et le sosie d'Angelina Jolie vient de s'étendre au bord de la piscine avec un bikini tellement petit que, pour le voir, il faudrait lui écarter les fesses. À part ça, ça va bien. Bien mieux que ce matin. Je t'explique.

Hier, mardi, j'ai lu dans le guide *Lonely Planet* qu'au très chic hôtel Conrad Treasury de Brisbane — un hôtel-casino centenaire cinq étoiles —, il y a une chambre hantée. *The Cabinet Room.*

Qu'est-ce que tu crois que j'ai fait ?

Stuart, le gérant de jour, m'a fait visiter. Au premier coup d'œil, l'endroit ressemble à l'hôtel dans le film *The Shining*. Nous sommes entrés dans *The Cabinet Room*. Déception. C'est pas une chambre. C'est une salle de réunion.

Stuart m'a expliqué. En 1938, la secrétaire du premier ministre a disparu mystérieusement. On n'a jamais su ce qui lui était arrivé. Vu que c'est ici que le sinistre ministre tenait ses réunions à l'époque, on prétend que le fantôme de la secrétaire — vengeance ? — a commencé à hanter les lieux. Devant mon air incrédule, le gérant a ajouté que le mois dernier, deux employés ont remis leur démission, parce qu'ils ont eu trop peur du fantôme, une nuit. «Cool». Je lui ai demandé si je pouvais m'installer dans un coin de la salle avec mon *sleeping bag*. Il m'a dit que non. Et que de toute façon, d'habitude, c'est dans le corridor qu'il y a des «manifestations».

Je suis sorti derrière lui. J'ai laissé la porte en-trouverte. La *Cabinet Room* est au numéro 228.

J'ai loué le 227.

Je me suis fait chauffer du café. J'ai éteint les lumières. Et j'ai attendu. Longtemps. À trois heures du matin, j'ai entendu du bruit dans le corridor...

Je me suis avancé vers la porte, j'ai tourné la poignée doucement, puis j'ai pris une grande inspiration et, d'un coup sec, j'ai ouvert grand.

«AAAAH!» Le garçon d'hôtel qui allait déposer un journal devant ma porte a poussé un cri et a fait un saut étonnant. Il est presque tombé sur le dos. Je me suis excusé. Il a quitté sans me laisser le journal. Je me suis refait chauffer du café. Puis, j'ai décidé d'aller m'asseoir dans la salle en question. En entrant, j'ai eu froid dans le dos. L'air climatisé était au coton.

À six heures du matin, quand le soleil s'est levé, j'avais mal à l'estomac, et je venais de dépenser 200 $ australiens pour un fantôme pas là.

Sinon, j'ai vu un bon film comique, *Napoleon Dynamite*, et j'ai lu un bon livre, *Skinny Legs and All*, de Tom Robbins. Cet après-midi, je vais au Australian Zoo, le zoo du fou de la télé qui rentre ses mains dans des péteux de lézards et qui donne des bébés à manger aux crocodiles. J'espère le rencontrer. Au centre d'achats, je me suis pris le lacet d'espadrille dans un escalier mobile et, demain, je pars pour Singapour. Je vais en profiter pour m'acheter une nouvelle caméra pour pouvoir te montrer des photos. Parce que des fois, je pense que tu ne me crois pas.

Ingrat.

VOTE FOR PEDRO

Queue de poisson

CHRONIQUE # 019
> [10—U]

9 décembre 2004
Singapour

Quand j'ai débarqué à Singapour, aux portes de l'Asie (ne pas confondre avec Saint-Gapour, en Montérégie), j'étais superexcité. Je me sentais comme un enfant dans un magasin de jouets.

Durant les trois prochains jours, j'allais magasiner. *Big time.* J'allais m'acheter, à un prix dérisoire, un mini-mini-ordinateur et, à un prix ridiculement bas, une menue mini-caméra (je sais, c'est un trip de gars...). Car tous ceux à qui j'ai parlé de mon arrêt ici avant de partir m'ont vanté les mérites du magasinage chez les Chinois, et je peux vous dire qu'ils ont raison : Singapour est un immense centre commercial.

Mais y a pas que ça... *(musique de pub et découpage rythmé).* Peu de villes au monde peuvent se vanter d'avoir en leur centre une réserve faunique naturelle comme celle de Bukit Timah : imaginez un parc Lafontaine avec des singes et des lions au lieu d'écureuils et de pigeons ! Et que dire du zoo ! Plus de 2000 animaux, dont le rarissime tigre blanc, et plein d'autres étonnantes bibittes à poils. Extraordinaire.

Visuel :
Une partie
d'un billet de
monnaie de
Singapour
envoyé par Bruno.

SINGAPOR

C'est sans compter le quartier chinois ou Little India ou l'île de Sentosa ou les «Hawker Centers»: ces rassemblements impromptus de petites roulottes-popottes où l'on peut déguster, pour cinq dollars, des mets délicieux des quatre coins de l'Asie, aux noms impossibles à prononcer. Hier, j'ai essayé du crocodile... c'est comme du poulet, mais préhistorique.

Et pour couronner le tout, la ville est d'une propreté étincelante. Faut dire que la loi y est sûrement pour quelque chose! À Singapour, il est interdit de mâcher de la gomme — ce n'est pas une farce; on vous colle une amende si vous omettez de tirer la chasse d'eau d'une toilette publique; et j'ai remarqué que, dans les rues achalandées, il y a souvent des vendeurs de kleenex. Serait-il interdit de se fouiller dans le nez? Ce matin, sur Orchard Road, en me penchant pour attacher mon soulier, j'ai pété. Je n'ai pas pris de chance: je me suis sauvé!

Quant au magasinage...

D'abord, mes exigences étaient très simples. Je voulais un petit clavier avec un petit écran. Point. Comme une dactylo, mais électronique, avec laquelle je pourrais envoyer mes articles sur Internet. Et une caméra qui prend des photos. OK, d'accord, le dernier modèle! Mais c'est tout.

J'arrive au Funan IT Center, la place que recommandent tous les guides de voyage. Surprise. Une tour de huit étages et, sur chacun des étages, des dizaines de magasins d'appareils électroniques. Ça fait comme 80 fucking de magasins, ça! Je m'attendais à avoir du choix, mais pas autant. «Oui monsieur, nous avons

甲星快車有限

Malacca Singapore Expres

(Reg. No. 5375-D)

Incorporated in States or Malay

ed

1 DEC 2004

e : Counter 23, Malacca Sentral   - Tel : 28244
e : No: 12, Jalan Salleh 84000 Muar.   - H/P : 019-261
e : Counter 19, Terminal 1, Jalan Sungai Ujong. - Tel : 7612843
e : Bus Station
e : Kallang Bahru Terminal   - Tel : 629359

alid for Journey from.......Singapore.......to.......Malacca.....by c

10.00a.m.	11.00a.m.	12.00p.m.	1.00p.m.
4.00p.m.	5.00p.m.	6.00p.m.	7.00p.m.

on

CONDITIONS

avel by the Coach on the date and time stated on the ticket otherwise it will be forfeited
causes. Whilst every endeavour will be made to adhere to the time table, the Company res
ts, Floods or any other cause which the Company considers sufficient. Each adult passeng
$2.00. No trade goods may be carried and no bulky articles may be carried inside the Co
belongings for Customs examination at all check-points and must personally declare any d
any's Coaches may leave behind any passenger who is delayed for more than half an hour

致行車時間不準者本公司不負責，每人隨身行李十五公斤爲限超
乘客自理，日期與鐘點照票面所寫依時開行，途時此票作廢。
行李提交給關稅務員檢查，不得將部份行李留在車內，如要納稅
在檢查站時只停候半小時，到時本車依時開行不再久候此佈。

des mini-ordinateurs, des pocket PC, avec ou sans Wi-Fi intégré. Par exemple celui-ci, le nouveau, le «O2 Xda IIs», qui vous permet de vous brancher sur le Net sans fil et peut vous servir de caméra, de console de jeux, ou de téléphone, ou de manette de contrôle à distance pour votre téléviseur et le démarreur de votre voiture. Ça vous intéresse?»

Oups! J'ai dû rater quelque chose comme une génération, moi... L'engin est de la grosseur d'un paquet de cartes et il y a plus de fonctions là-dedans que dans mon cerveau. C'est sûr que ça m'intéresse! Je prends la carte d'affaires du vendeur et je passe au magasin suivant. *Little did I know...*

La scène s'est répétée au moins cent fois. J'ai passé la journée à me faire dire: «En plus, je vous offre une carte mémoire de 128 MB et un câble USB, et je vous garantis qu'avec celui-ci, vous aurez de meilleurs résultats.»

Des meilleurs résultats que quoi!?! Au dernier vendeur, j'ai demandé si je pouvais faire décoller des missiles de Plattsburgh avec sa patente à gosse. Il n'a pas compris l'ironie. De toute façon, j'étais déjà sorti.

À l'hôtel, quand j'ai raconté ma journée de magasinage ratée, ils se sont un peu moqués de moi. Ils m'ont dit que j'aurais dû «aller à l'autre endroit, le Sim Lim Square, où il y a plus de choix».

Quoi? Il y a un autre centre commercial comme celui-là?

«Il y en a plusieurs, m'a répondu le réceptionniste, mais si vous allez en Malaisie, il vaut mieux attendre. Là-bas, c'est encore mieux qu'ici.»

OK. Pas de photos aujourd'hui pour la chronique. Désolé. Mais je ne vais pas abandonner. Car j'adore Singapour. Pour toutes sortes d'autres raisons que celles qui m'y ont amené. J'ai même décidé d'y rester 10 jours, plutôt que trois. Je crains seulement que notre histoire d'amour ne soit à l'image du Merlion, l'animal mythique qui symbolise la ville: un magnifique corps de lion, qui se termine en... queue de poisson.

Visuel:
Billet de transport
de Singapour à
Malacca utilisé
par Bruno.

Hall & Oates

CHRONIQUE # **020**

› [10—U]

16 décembre 2004

Melaka, <u>Malaisie</u>

Grrr! Ça fait cinq jours que j'ai une toune de *Hall and Oates* dans la tête (*Hall and Oates*, duo de *chanteux* des années 80, comprenant un grand blond avec une perruque en bois et un petit brun avec une moustache de moron). La chanson? *Private eye, we're watching you, na na na na...*

Je capote. Dans mon catalogue de cauchemars, ils arrivent en deuxième place, tout juste derrière Lionel Ritchie. C'est vous dire. Le pire, c'est que je ne fais pas que les entendre, je les vois! Vous souvenez-vous du vidéoclip où les deux clowns, *Hall et Zoune*, faisaient semblant d'être beaux et jouaient des espèces de détectives privés qui espionnaient une fille en bikini? Oui? Imaginez maintenant qu'il repasse en boucle dans votre tête pendant une semaine. Au secours!

Pourtant, ici, ce ne sont pas les distractions qui manquent... Je suis à Melaka, une ville historique du sud-ouest de la Malaisie, l'endroit même où a été fondé le pays, et j'ai eu beau visiter une dizaine des (trop) nombreux musées que compte la ville — dont le très étrange Musée du peuple avec, au premier étage, une exposition de cerfs-volants (jolie) et, au deuxième, une exposition sur les Chinoises aux petits pieds, les femmes au long cou de l'ex-Birmanie, la scarification, les piercings et autres souffrances infligées au nom de la beauté (!) —, ça n'a pas réglé le problème. *Private eye, we're watching you, na na na na...* AAAH! Dimanche soir, sur la rue Jalan Hang Jebat, j'ai assisté au spectacle insolite de Ho Eng Hui, qui se présente comme le «*Ultimate Power Finger Kung Fu Master of the World*», et dont l'obscur record de perçage de trois noix de coco en moins de 10 secondes avec un doigt figure dans le *Livre des records Guinness* de Malaisie, édition spéciale. Je me suis forcé à rester jusqu'à la fin de son très lent et très long numéro — tout en chinois — où, à la fin, sur l'air de *Hawaï 5-0*, il perce une noix de coco avec son doigt. Et devinez quoi ? Aussitôt les lumières éteintes et le public parti, le duo de bozos est revenu me hanter, un de chaque côté, en stéréo, *watching your every movement*...

Je suis allé faire un tour à vélo dans une plantation d'arbres à caoutchouc et j'ai eu beau perdre le groupe, *Hall et Pouf*, eux, savaient où j'étais. *Private eeeeeeyyyye, we're watchin' you, watchin' you* ! Je ne sais plus où me cacher et je commence même à songer à porter le voile.

D'ailleurs, à ce sujet, c'est la première fois que je mets les pieds en pays musulman et, par le fait même, que je croise autant de femmes qui portent le tchador. Et c'est fascinant. J'arrive d'Australie où les jupes sont tellement courtes que, de face, on voit les fesses — je prédis que la jupe australienne l'an prochain sera une ceinture — et, pourtant, il y a chez ces femmes voilées, quelque chose de plus attirant. De plus mystérieux. Tiens, ça me rappelle une chanson de Joe Bocan.

Ah non. AU SECOURS !!!

Photo : Bruno Blanchet

Visuel :
Détail tiré d'un
journal malaisien.

Croyez le ou non, vous avez devant vous (en photo, bon, on n'a pas tous la chance de le voir en chair et en os !) le détenteur du record guinness Malaisien du plus grand nombre de noix de coco percées par un doigt en moins de 10 secondes. On s'incline tous devant le « Ultimate Power Finger Kung Fu Master of the World ».

No. 00205

A MUSEUMS CORPORATION

PEOPLE MUSEUM

Adult

RM 2.00

Valid for date stamped

Merry Christmas, Mister Canada

CHRONIQUE # **021**

› [1O—U]

23 décembre 2004
Kuala Lumpur, <u>Malaisie</u>

Ma première impression de Kuala Lumpur? *Fucking hell!* Les motos roulent sur les trottoirs. La rue est un champ de tir qu'on traverse avec une cible sur le dos. Les regards illisibles des passants vous rappellent sans cesse que vous êtes un étranger qui ne fera que passer, l'humidité vous coince les articulations et s'ajoute à l'agression, aux odeurs et à la pollution: curry et diesel, urine et poubelle, durian et aisselles. Kuala Lumpur pique les yeux et sent le *tsour*. Maudite belle place pour passer Noël.

Je m'arrête un instant pour contempler le chaos. Un homme m'interpelle. «*Hey, brother, are you looking for something?*» Non, je ne cherche rien, merci. (Bon, qu'est-ce qu'il veut me vendre, celui-là?)

Il sourit. Il est petit et a les dents du devant pourries. Il insiste. «*Where are you from?*» Je suis du Canada. «*From Canada? Wow!*» qu'il me répond, soudainement excité. Il me raconte que sa sœur vient de partir pour le Canada, il y a une semaine, et que sa mère pleure sans arrêt depuis, car elle est inquiète pour sa fille. Est-ce que je pourrais venir à sa maison pour la rassurer?, qu'il me demande dans un même souffle. Il étire le bras pour me prendre la main. Je recule d'un pas. Ouf. J'en ai entendu des bonnes, mais celle-ci, j'avoue, chapeau!

Sauf qu'au moment où j'aurais dû tourner les talons, j'ai une hésitation. Il y a quelque chose dans son œil qui me fait croire que sa proposition n'est peut-être pas malhonnête. Il a quelque chose de doux. Quelque chose de... Bambi. Quand ces choses-là vous arrivent, inconsciemment, vous faites l'inventaire de ce que vous avez sur vous: 150 ringgits (l'équivalent de 50 dollars canadiens), aucun document important, aucune carte (je me balade toujours avec des photocopies et laisse les originaux dans un coffret de sécurité à l'hôtel), une bouteille d'eau et un plan de la ville. Qu'est-ce que j'ai à perdre? Au pire, dans une ruelle, il me donne un grand coup de bâton et je meurs avec de nobles intentions. Je décide de le suivre.

Après une dizaine de minutes de marche extrême «kuala-lumpurienne», j'apprends qu'il s'appelle Jamil, et nous arrivons devant un bâtiment du type dont j'ignore si je suis derrière ou devant. Au troisième étage, il pousse une porte (?), qui s'ouvre sur une cuisine (?), où une femme fait cuire de la nourriture (?). Il lui explique quelque chose en malais et la femme, réjouie, me fait passer au salon; elle revient au bout de cinq minutes avec ce que je crois être la maman : une vieille dame courbée d'à peu près deux mille ans et qui doit mesurer trois pieds, dépliée. Elle lève la tête et m'offre le plus beau des sourires édentés. Elle s'assoit. Jamil me tape sur l'épaule. Go ! J'avais le plancher.

Alors, pendant 20 minutes, j'en ai profité : je lui ai parlé de vous autres. Je lui ai dit combien vous étiez beaux et accueillants, propres et organisés ; je lui ai raconté Québec, l'Estrie, la Gaspésie, et je lui ai vanté les quatre saisons ; je lui ai parlé de ma famille et, avec émotion, je lui ai décrit la fête de Noël à la maison.

Je pense que j'ai donné un pas pire beau show — genre « 4 » dans le télé-horaire. Jamil, qui faisait la traduction, semblait très satisfait. La madame momifiée était plus difficile à lire, avec sa peau grise si ridée qu'on aurait dit l'expression de toutes les grimaces d'une vie figée en permanence sur son visage.

J'ai fait signe que je devais partir. La vieille dame m'a pris la main et m'a tiré vers elle. Elle sentait le camphre. J'ai tendu l'oreille. Dans un anglais approximatif et avec beaucoup d'efforts, elle m'a dit : « *Thank you. And Merry Christmas, Mister Canada.* »

Je suis sorti sur la rue. Rien n'avait changé. Les mêmes pilotes déments, les mêmes klaxons de moto, le même bordel. Je me suis arrêté un instant pour contempler le chaos.

Dieu qu'il était beau.

Joyeux Noël à vous aussi, gens du pays.

Visuel :
Couverture
du passeport
de Bruno.

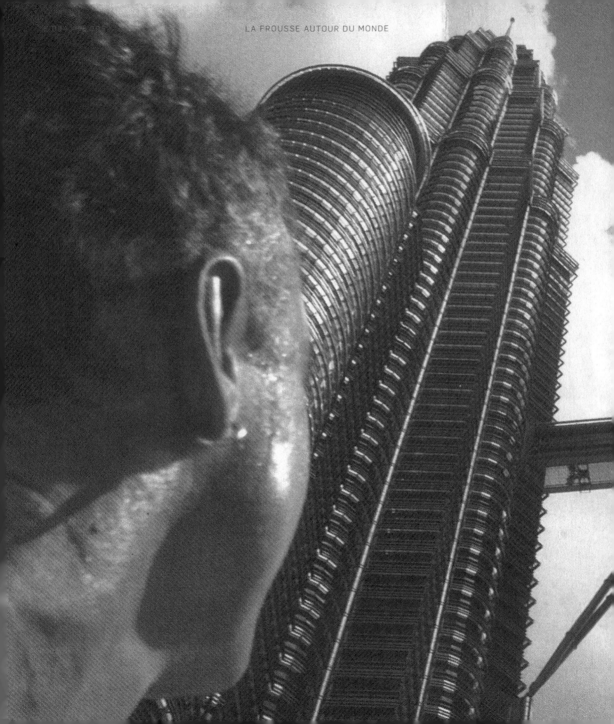

Photo:
Bruno Blanchet.
Les Tours jumelles
Petronas, de
Kuala Lumpur...
Assez hautes pour
voir chez nous ?

En vie

06 janvier 2005
Bangkok, Thaïlande

Pour une frousse, il nous en a causé toute une. Vous avez été nombreux à nous appeler pour savoir si Bruno était en sécurité après le passage des tsunamis. C'est donc avec soulagement que nous avons reçu sa chronique, justement intitulée... En vie.

Bangkok, Thaïlande

Dix heures du matin. Pang, mon guide, toujours à l'heure, vient de klaxonner devant l'hôtel. C'était pas la peine. Je suis déjà réveillé-douché-habillé, et j'ai même couru mes huit kilomètres quotidiens autour du Sanam Luang Park, la place Royale, qui n'a de royale que le nom : on y court en zigzag entre les robineux couchés, les crottes de chiens, les diseuses de bonne aventure, les pigeons, les camions-citernes et les vendeurs de « manger pas bon » — avec un masque à gaz, à cause de la pollution. Bref, c'est extraordinaire. Y'a pas mieux pour *kickstarter* une journée ! Et d'habitude, ce qui suit est encore meilleur...

D'abord, le petit-déjeuner. C'est Pang qui décide de l'endroit. Ça fait partie de notre entente. Hier, on s'est tapé le gargantuesque buffet-brunch du Marriott Hotel (je soupçonne qu'il a voulu se faire plaisir !) et, ce matin, il m'amène à l'hindou du coin. Le petit-déjeuner, c'est le moment où l'on décide du plan pour le reste de la matinée. Aujourd'hui, le Vimanmek Museum, un palais tout en teck, avec un détour au Dusit Zoo.

On enfourche sa Kawasaki. À Bangkok, le trafic est lourd, et la motocyclette est le moyen de transport le plus efficace, le plus excitant et le plus dangereux. Le port du casque n'est pas obligatoire, mais Pang insiste pour que j'en porte un — qu'il a trouvé dans les poubelles... Rouge, trop grand, c'est un casque de base-ball pour frappeur gaucher, avec le logo des *Reds* en avant. Avec ça sur la tête, j'ai plus l'air *d'Atomas la fourmi atomique* que de

Pete Rose (je fais sourire les chauffeurs de «touck-touck» aux feux rouges!) et je ne suis pas nécessairement «plus» en sécurité, mais c'est l'intention qui compte. Et comme je porte un casque, Pang se sent plus à l'aise de me «péter une *ride*». Ça fait partie du plaisir. Je ne compte plus les miroirs de truck qui m'ont frôlé les oreilles et les taxis à deux pouces des genoux.

Malgré le danger, je sais que je n'ai pas le droit d'avoir peur: la fluidité du bolide découle de l'osmose entre le pilote et le passager, et Pang, lui, ne craint rien. Je l'ai vu à l'œuvre, la semaine dernière, dans un ring de boxe thaïlandais. Après s'être fait cogner solidement, le petit maigrichon, avec son short trop grand, remarquable de courage, s'est relevé avec le sourire et a étendu le gros adversaire épais qui croyait l'avoir «knockouté».

On s'arrête devant le musée. Pang me regarde descendre de la moto, plutôt secoué. Il rit. Il est étonnant. Il y a une dizaine de jours, il a perdu un de ses frères et deux de ses meilleurs amis dans le tsunami. Mais Pang est comme toute la Thaïlande aujourd'hui : debout, fier, souriant, combatif, généreux. En vie. Pang aimerait que je me marie avec sa sœur. Je pense que je vais épouser son pays.

PS: À Bangkok, nous étions aussi loin des tsunamis que vous l'étiez: les routes étaient bloquées, et on regardait les ravages à la télé, avant de se coucher... Je suis désolé si je vous ai inquiétés en ne me manifestant pas dans le journal, mais nous regardions les mêmes nouvelles, et je me serais trouvé odieux de parler d'une telle tragédie sans rien avoir à ajouter.

Photo: Bruno Blanchet
Comme la plupart des habitants de Bangkok, Bruno a vécu
de loin le drame des tsunamis.

Des zoos et des hommes
(Première partie)

CHRONIQUE # **023**
› [09—T]

13 janvier 2005
Bangkok, Thaïlande

D'aussi loin que je me rappelle, j'ai toujours éprouvé une véritable passion pour les zoos. Dans la section «bons souvenirs» des images qui s'accumulent dans mon cerveau depuis 40 ans, entre celles où ma grand-maman Lucienne descend les escaliers pour me donner mon p'tit dix sous et le Dodge Polara brun de Clément, mon père, dans lequel on pouvait coucher à six, paissent les gorilles du zoo de Granby. J'ai jamais cherché à me l'expliquer, celle-là, mais peu importe où je me trouve, encore aujourd'hui, s'il y a un zoo, j'y cours.

Depuis le départ de *La Frousse*, je suis rendu à mon quatrième zoo. Cinq, si j'inclus Patpong, le quartier (très) chaud de Bangkok — où j'ai participé à un truc-chose-ouh-là-là hier soir dont je vous parlerai plus tard, si vous êtes gentils.

J'ai visité le premier à Auckland, en Nouvelle-Zélande. J'étais excité comme un enfant dans un Toys'R'Us juste à l'idée d'enfin voir des kiwis. Non ! Pas le fruit, bande d'innocents ! L'oiseau sans ailes avec un long bec pointu et deux grandes cannes maigres. Vous savez, genre, comme... Comme qui ressemble à un kiwi finalement et qu'on ne trouve qu'en Nouvelle-Zélande — de plus en plus rarement, car l'espèce est en voie d'extinction.

Giraffe

Visuel:
Détail tiré du
billet d'entrée
de zoo de Bruno.

Mais à la cabane des kiwis, surprise! Oiseau nocturne, le kiwi est gardé dans le noir. Oy. C'est pas fort. On peut comprendre qu'ils veulent le protéger, les *Néozélandoux*, mais c'est parce qu'on aimerait ça le voir, et pas seulement savoir qu'il est là, tapi dans l'obscurité! Le reste n'est pas mieux. Alors, à la maison, fermez les yeux et imaginez un kiwi qui «wi» ou qui fait autre chose, et hop! vous pouvez sauter par-dessus le zoo d'Auckland et la ville aussi, tant qu'à y être, pis le pays, let's go, et aller directement au zoo d'Australie, à Brisbane.

L'Australie étant la terre de prédilection des bibittes venimeuses et des animaux dangereux, comme le crocodile, la vipère et le koala avec une grenade, je ne vous surprendrai pas en vous disant que le zoo leur est consacré et — ça, je crois vous l'avoir dit dans une autre chronique, mais je le répète, car je suis payé au mot — qu'il est tenu par Monsieur Danger lui-même: Steve «Crocodile Hunter», dont j'ai oublié le nom de famille, mais que vous connaissez sûrement pour l'avoir vu achaler des reptiles à la télévision ou dans son film pas bon. Malheureusement, ce jour-là, Steve «Coclown» Hunter était absent; paraît qu'il était parti écœurer des dragons du Komodo avec une branche. Un de ses assistants s'est chargé du spectacle, qui consiste à taper sur les nerfs d'un crocodile jusqu'à temps qu'il veuille te mordre. Maudit sans dessein.

The Zoological P
องค์การสวนสัตว์

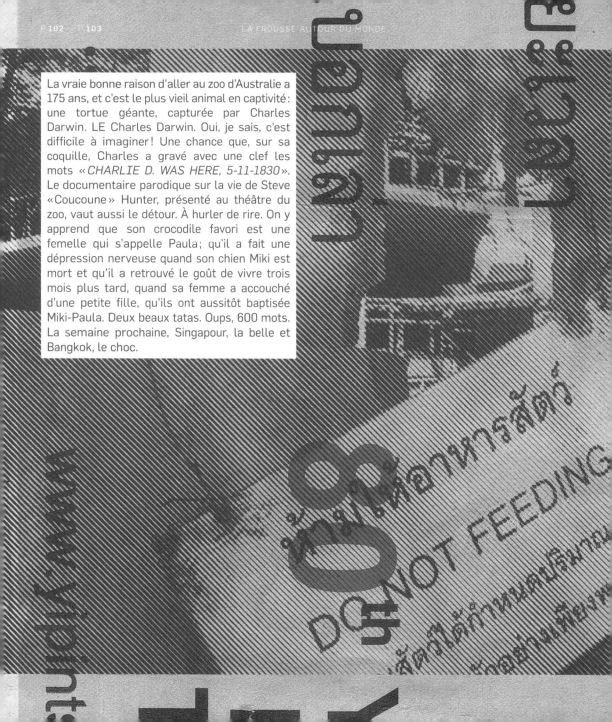

La vraie bonne raison d'aller au zoo d'Australie a 175 ans, et c'est le plus vieil animal en captivité : une tortue géante, capturée par Charles Darwin. LE Charles Darwin. Oui, je sais, c'est difficile à imaginer ! Une chance que, sur sa coquille, Charles a gravé avec une clef les mots «*CHARLIE D. WAS HERE, 5-11-1830*». Le documentaire parodique sur la vie de Steve «Coucoune» Hunter, présenté au théâtre du zoo, vaut aussi le détour. À hurler de rire. On y apprend que son crocodile favori est une femelle qui s'appelle Paula ; qu'il a fait une dépression nerveuse quand son chien Miki est mort et qu'il a retrouvé le goût de vivre trois mois plus tard, quand sa femme a accouché d'une petite fille, qu'ils ont aussitôt baptisée Miki-Paula. Deux beaux tatas. Oups, 600 mots. La semaine prochaine, Singapour, la belle et Bangkok, le choc.

Des zoos et des hommes

(Deuxième partie)

CHRONIQUE # 024

› [09—T]

20 janvier 2005

Bangkok, Thaïlande

Quand on parle «zoo», «zoo» sérieusement, «zoo» comme dans «Zoo», avec une majuscule, pas juste «zoo» comme dans «Ze vais zau zoo avec Zozée», donc, dis-je: quand on parle «Zoo», Singapour et Bangkok sont comme... le jour et la nuit.

«Le zour et la nuit?» dit l'espiègle Toto, ébloui par tant de poésie. «Oui, le jour et la nuit, petit. Au sens propre comme au sens figuré.» Toto est épaté. J'en remets. «Va chercher tes amis, je vais leur raconter la plus belle histoire de zoo du monde...»

«Mes amis Zilles et Cherze?» demande encore Toto, tout étonné. «Z'va les seurser!»

Ah. Toto, Toto, Toto. Qu'est-ce qu'on ferait sans lui?

Il était une fois un lion. Le lion vivait dans une plaine. Il était malheureux parce qu'il n'avait rien à manger. Après, il y a des chasseurs qui l'ont attrapé. Et ils l'ont placé au zoo de Saint-Gapour (ne pas confondre avec Saint-Félicien). Et là, le lion, il mange tous les jours et il a une blonde, une lionne, et quand il fait chaud, il se couche à l'ombre. Et il y a des fois des gens qui le regardent de loin. Fin.

« C'est plate, ton histoire », dit Serge, le plus morveux des trois. Je ravale et je garde mon calme. « Tu as raison, Serge, mais elle n'est pas terminée. Et sache qu'il y a des leçons " l'fun " à tirer des affaires " plates ", même des affaires " plates ", et surtout des affaires " plates "; parce que les affaires " l'fun ", c'est plate quand vient le temps d'en tirer des leçons " plates l'fun "; parce que, pour qu'une leçon soit " l'fun ", faut qu'elle soit " plate " : être " plate ", c'est le " propre " d'une leçon " l'fun " », que je lui lance d'un trait, sans respirer, en faisant plein de signes de guillemets avec mes doigts, pour être bien certain qu'il ne comprenne rien et me laisse poursuivre mon histoire.

Alors. Il était une fois un lion. Le lion vivait dans une plaine. Il était malheureux parce qu'il n'avait rien à manger. Après, il y a des chasseurs qui l'ont attrapé. Et ils l'ont placé au Dusit Zoo de Bangkok. Et là, le lion mangeait chaque jour, mais il se faisait lancer des pinottes par des enfants debout sur sa cage pendant qu'au comptoir Pepsi, à côté, la musique techno jouait *full blast* toute la journée et, quand il faisait chaud, il fallait qu'il se mette en petite boule sur du ciment dans deux pieds carrés et là, le lion est devenu fou, et il s'est mis à grogner après les gens qui lui lançaient des pinottes, et les gens ont trouvé ça cool et ils se sont mis à lui lancer deux fois plus de pinottes. Fin.

« Wow, ça doit être cool de lancer des pinottes à un lion », laisse échapper Gilles, l'air malin. Serge rigole.

« Ouain, mais c'est pas zentil ! proteste Toto. Il faut touzours défendre les zanimaux ! » qu'il ajoute. « Ouain, mais si ton lion, ils l'avaient pas attrapé, les chasseurs, pour le mettre au zoo, il serait mort ! Tsé, c'est quoi qui est mieux ? Se faire lancer des pinottes ou mourir ? » jette Serge, allumé, avant d'ajouter : « Fuck les lions ! »

C'est là que Toto a poussé Serge et que Zilles a frappé Toto et a brisé ses lunettes.

Voilà. Le débat est lancé. Se faire lancer des pinottes ou mourir. Résultat du sondage dans trois semaines. En attendant, les enfants, dans vos chambres ! Parce que le vrai zoo, à Bangkok, c'est Patpong, la nuit. Et cette histoire « juste pour les grands » sera présentée exclusivement dans le cahier LP2 de *La Presse*.

Dans zusse sept dodos.

Un jour, si je ne ~~trouve~~ trouve le talent ~~d'allier et~~ d'allier <hardcore> et <impressionnisme>, je vous écrirai peut-être une version alternative de la Froisse, intitulée, La brosse autour du monde : folies à oublier et souvenirs flous.

Un zoo, la nuit

CHRONIQUE # **025**

› [09—T]

27 janvier 2005
Patpong, Thaïlande

Avertissement: le texte qui suit traite d'un sujet délicat, et l'auteur a fait un effort considérable pour vous le décrire sans gâcher votre petit-déjeuner. Veuillez excuser les ronds de jambe et les images boiteuses.

Patpong. La Mecque du plaisir et de l'amour. Le Lourdes des impuissants, des frustrés, des mal-aimés et des pas beaux tusuite. Patpong. La terre d'accueil des réfugiés du féminisme.

Patpong. Un zoo la nuit. Là où tous sont égaux, à condition d'y mettre le prix.

Patpong (aussi épelée Phat Phong ou Pattpong). Trois rues parallèles qui portent le même nom : Patpong, Patpong et Patpong. Ou Phat Phong, Phat Phong et Phat Phong (ou Pattpong, Pattpong et Pattpong).

Les trois rues Patpong (Phat Pong ou Pattpong), ensemble, forment l'arrondissement mieux connu sous le nom de Patpong (ou Phat Phong [ou Pattpong]).

Car il est connu, le Phat Phong (ou Patpong [ou Pattpong]) ! Faut voir la foule qui se presse au portillon : de toutes les ethnies, de tous les âges et de tous les sexes. On s'imagine un quartier glauque, avec des ampoules rouges nues qui pendouillent comme des oreilles d'épagneul devant des vitrines pleines d'une chair grise aux yeux vitreux, et on débarque finalement sur une sorte de rue Saint-Hubert, sans voiture, avec les magasins dans le milieu et des bars de danseuses de chaque côté. *That's it.*

Autour, de grands hôtels, des ambassades, un parc sans junkies, et pas l'ombre d'une violence.

Moi qui avais peur d'y aller tout seul. J'ai passé l'après-midi à convaincre Serge et Judith de Québec de m'y accompagner. Maintenant, je fais rire de moi. Et c'est pas terminé...

Premier choc : les portes des clubs sont grandes ouvertes. On pourrait s'asseoir sur le trottoir et regarder gratis le spectacle ! Pas cons, c'est ce que nous faisons. Sur une scène, des filles-femmes-hommes, ou hommes-femmes-filles (difficile à dire de l'extérieur), se trémoussent habillé(e)s déshabillé(e)s sur une vieille toune disco. Au bout de huit secondes — ha, ha! Je me doutais qu'il y avait un truc! —, un «représentant» nous saute dessus. Il travaille pour le club Baby Doll. Sur une carte — qu'il nous présente comme un menu —, on peut y lire le programme de la soirée : *Pussy smoke cigarette, Pussy blow out candles, Pussy* joue au ping-pong, etc. Il y en a une dizaine d'autres — que je vous épargne —, toujours avec la même «vedette». Nous refusons poliment, en prétendant que «ce n'est pas tout à fait ce que l'on recherche.» Le mec sourit. Nous bougeons. Au bout de 15 minutes, 10 «représentants» et 22 «menus» identiques, je saisis à rebours le sens de son petit sourire : le choix est mince, genre quatre trente sous pour une piasse, car nous sommes littéralement à Pussyland.

On choisit donc d'entrer au bar le Pussy Pussy Pussy (un nom fort original dans les circonstances), où la bière est à 200 bahts (sept dollars ou quatre fois plus cher qu'ailleurs) et la fille — en accompagnement — à 2 500. L'hôtesse, qui voit bien que

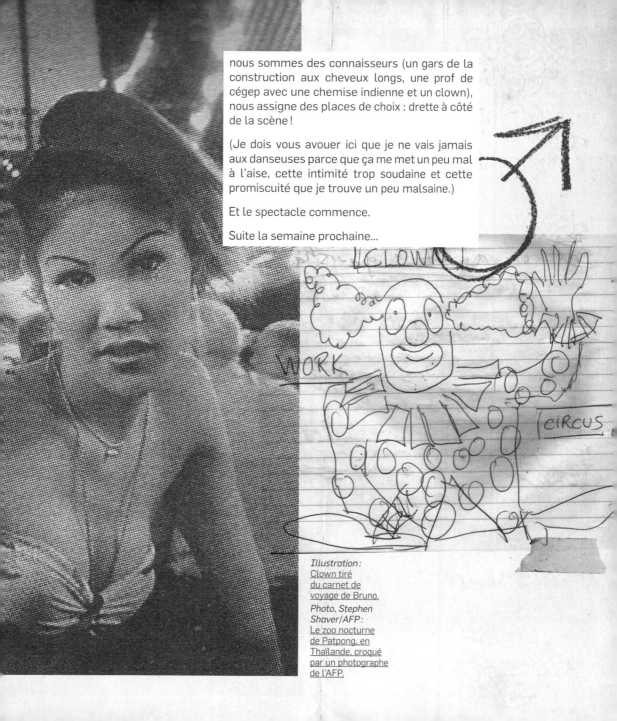

nous sommes des connaisseurs (un gars de la construction aux cheveux longs, une prof de cégep avec une chemise indienne et un clown), nous assigne des places de choix : drette à côté de la scène !

(Je dois vous avouer ici que je ne vais jamais aux danseuses parce que ça me met un peu mal à l'aise, cette intimité trop soudaine et cette promiscuité que je trouve un peu malsaine.)

Et le spectacle commence.

Suite la semaine prochaine...

Illustration :
Clown tiré
du carnet de
voyage de Bruno.
*Photo, Stephen
Shaver/AFP :*
Le zoo nocturne
de Patpong, en
Thaïlande, croqué
par un photographe
de l'AFP.

Une nuit, le zoo

CHRONIQUE # 026

› [09—T]

03 février 2005
Patpong, Thaïlande

Bar le Pussy Pussy Pussy, Phat Phong (ou Patpong [ou Pat Bong]), Bangkok. Une toune disco des années 70 : That's the way, han han han han, I like it, han han han han. La première « performeuse » s'avance, se dandine, se dandine, se dandine, se dandine, se plie, se courbe, se dandine, se dandine, se dandine, se tord, puis s'assied par terre. Elle s'écarte (devant moi, évidemment) et place une cigarette entre ses lèvres en me regardant dans les yeux. Je rougis. Elle l'allume. Puis, elle la retire de sa bouche (non mais, vous pensiez que…?) et c'est là, là, qu'elle fait avec la cigarette l'affaire que vous pensez. Et ça fait de la boucane.

Applaudissements.

Je ris quand je pense que j'ai arrêté de fumer en suçant des pastilles et en mâchant de la Nicorette. Judith, peu impressionnée par la performance, nous explique quelque chose par rapport aux muscles et à l'entraînement nécessaire pour arriver à faire de la fumée avec son petit trésor — si on suivait sa logique (logique), il serait possible, en modifiant légèrement la recette, de faire la même chose avec son péteux —, et son chum Serge, non-fumeur sérieux, la fait jurer de ne jamais commencer à fumer. Ça devient absurde. Et ça ne fait que commencer.

Sur l'air de *Happy Birthday* version house, une autre « artiste », plus petite que l'autre mais l'air tout aussi déterminé, s'avance, se dandine, se dandine, se plie, se courbe, se dandine, se dandine, se dandine, se tord, s'assied par terre, se dandine assise, puis retire la ficelle qui lui servait de culotte et place ses jambes derrière sa tête pendant qu'on dépose un gâteau d'anniversaire devant elle. Je compte une dizaine de bougies allumées. Elles étaient éteintes avant la fin de la chanson. Applaudissements ahuris.

Visuel :
Détail tiré d'un sac de
plastique de Bruno.

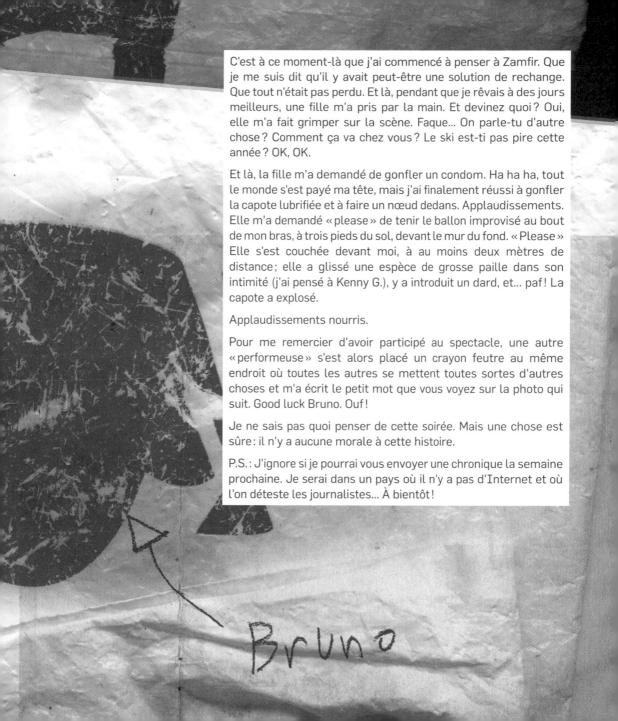

C'est à ce moment-là que j'ai commencé à penser à Zamfir. Que je me suis dit qu'il y avait peut-être une solution de rechange. Que tout n'était pas perdu. Et là, pendant que je rêvais à des jours meilleurs, une fille m'a pris par la main. Et devinez quoi ? Oui, elle m'a fait grimper sur la scène. Faque... On parle-tu d'autre chose ? Comment ça va chez vous ? Le ski est-ti pas pire cette année ? OK, OK.

Et là, la fille m'a demandé de gonfler un condom. Ha ha ha, tout le monde s'est payé ma tête, mais j'ai finalement réussi à gonfler la capote lubrifiée et à faire un nœud dedans. Applaudissements. Elle m'a demandé «please» de tenir le ballon improvisé au bout de mon bras, à trois pieds du sol, devant le mur du fond. «Please» Elle s'est couchée devant moi, à au moins deux mètres de distance ; elle a glissé une espèce de grosse paille dans son intimité (j'ai pensé à Kenny G.), y a introduit un dard, et... paf ! La capote a explosé.

Applaudissements nourris.

Pour me remercier d'avoir participé au spectacle, une autre «performeuse» s'est alors placé un crayon feutre au même endroit où toutes les autres se mettent toutes sortes d'autres choses et m'a écrit le petit mot que vous voyez sur la photo qui suit. Good luck Bruno. Ouf !

Je ne sais pas quoi penser de cette soirée. Mais une chose est sûre : il n'y a aucune morale à cette histoire.

P.S. : J'ignore si je pourrai vous envoyer une chronique la semaine prochaine. Je serai dans un pays où il n'y a pas d'Internet et où l'on déteste les journalistes... À bientôt !

Bruno

Photo: Bruno Blanchet
Un « good luck » bien écrit...

Visuel:
<u>Détail tiré du billet</u>
<u>d'avion de Bruno.</u>

Bienvenue au Myanmar

17 février 2005
Myanmar

« *Min gala Ba!* » (Dieu vous bénisse !), vous lance le soldat à la douane de Yangon, au Myanmar, avec un large sourire — que vous lui rendez (non pas parce que vous en avez envie, mais parce qu'il tient un gros fusil). Il scrute ma carte d'immigration. Aïe... Je suis un peu inquiet. Ici, il est interdit d'être journaliste — ou associé de près ou de loin aux médias. Alors, sous « occupation », j'ai écrit « plombier magique ». J'espère que je ne serai pas démasqué.

Dans le guide *Lonely Planet* sur le Myanmar (ex-Birmanie), toute l'introduction est consacrée à la question suivante : doit-on ou non visiter ce pays dirigé par une junte militaire, où les droits de l'homme sont ignorés de façon systématique et les opposants au régime, muselés et condamnés aux travaux forcés ?

Aung San Suu Kyi*, Prix Nobel de la paix, croit que la présence de touristes donne de la légitimité au pouvoir militaire (en plus de leur flot de *cash money*), et elle encourage les étrangers à boycotter son pays tant et aussi longtemps que la situation actuelle va durer.

Par Par Lay, 56 ans, comédien, ne partage pas son opinion. « Si les gens cessent de venir de

L'actuel leader de l'opposition démocratique au Myanmar, vit en liberté surveillée.

Visuel :
Détail tiré d'un dépliant envoyé par Bruno.

partout dans le monde pour nous applaudir, la police profitera de l'absence de témoins pour revenir nous arrêter et nous jeter en prison. Et cette fois, je n'en ressortirai pas vivant. »

Leader de la légendaire troupe de comiques Les Frères Moustaches, Par Par Lay sait de quoi il parle. En 1996, lors d'un spectacle de deux heures donné devant la résidence de Aung San Suu Kyi, à Yangon, son frère Lu Paw et lui y sont allés courageusement de quelques pointes aux dirigeants du pays, malgré la tension politique et la présence évidente de la police secrète dans la foule. Mais ce soir-là, les gardiens de la dictature ne les ont pas trouvés drôles. De retour à Mandalay, ils ont été tirés de leur lit par les soldats de la sordide « Intelligence militaire » : torturés et interrogés pendant des jours, ils ont été condamnés, après une parodie de procès qui a duré huit semaines, à sept ans de travaux forcés. (Note à un ami : ce n'est pas un pays pour toi, Jean-René ! Embrasse le Gros...)

Les deux premiers mois, ils les ont passés à casser des cailloux du matin au soir et à dormir les pieds enchaînés, la nuit, à la merci de la vermine et des moustiques. Sous-alimentés, atteints de malaria et de dysenterie, ils ont survécu grâce aux médicaments que leur faisait parvenir un groupe d'artistes de la scène internationale (dont Rob Reiner, réalisateur de

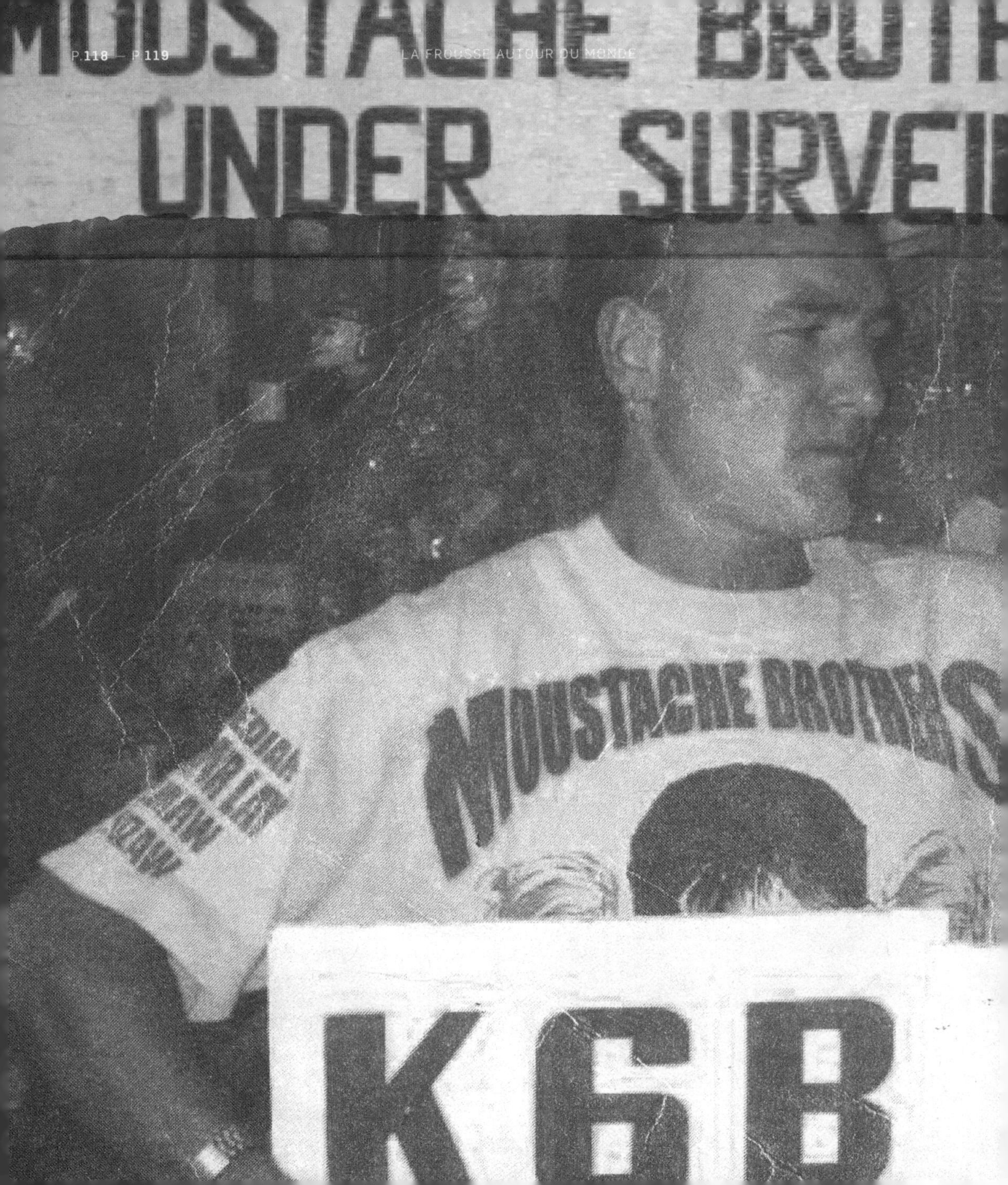
MOUSTACHE BROTH
UNDER SURVEI
MOUSTACHE BROTHERS
KGB

Stand By Me, et Bill Maher, ex-animateur de *Politically Incorrect*). C'est aussi grâce à leur appui, selon Par Par Lay, qu'ils ont été transférés à une prison dite «normale» (!) et libérés au bout de cinq ans et demi, sans explication.

Aujourd'hui, toujours animés par la même volonté de dénoncer l'injustice (comme François Massicotte), ils refusent de se taire et offrent aux touristes une version d'une heure de leur spectacle, dans le pittoresque garage de leur résidence de Mandalay (car on leur a interdit de jouer en dehors de leur maison!). Hier, une vingtaine de spectateurs assistait à la sympathique performance, et Les Frères Moustaches étaient réjouis.

«Si vous ne voulez pas venir au Myanmar, me dit Lu Zaw, le frère numéro trois, venez en ex-Birmanie!»

Donc... Aung San Suu Kyi ou Les Frères Moustaches? Avouez que le choix était difficile. Mais entre «conseil de politicienne» et «avis de clown», vous aurez sûrement deviné pour lequel j'ai opté! Alors, pendant les quatre prochaines semaines, nous la visiterons en catimini, cette ex-Birmanie; sans faire trop de bruit, en taisant notre véritable identité et en espérant ne pas avoir à réparer une toilette ou un évier.

Et puis, j'y pense: tortures, prisonniers politiques, interventions armées injustifiées... On visite bien encore les États-Unis, non?

Myanmardises

(Premières impressions du Myanmar)

CHRONIQUE # 028
› [09—T]

24 février 2005
Myanmar

Le Myanmar, c'est le royaume de la débrouille. Longtemps complètement isolés du monde, les Myanamartiens ont appris à faire sans stylo, sans rasoir ou crème à barbe; en fait, sans « tout ce qui n'était pas produit au pays » ! Sur le marché noir, ici, il y a un marché noir.

Le taux de change officiel, pour un dollar US, est de six kyats. Le taux officieusement officiel est à 450 kyats pour un dollar. Le taux officieux officieusement officiel — celui de la rue — est à 900 pour un. Il n'y a aucun guichet automatique, personne n'accepte les cartes de crédit ni les chèques de voyage.

Le service de téléphone public est fourni par des habitants qui sortent l'appareil de chez eux et s'installent toute la journée sur une petite table au bord de la rue. Et ça fonctionne ! Mais il faut faire attention de ne pas s'enfarger

Established 19...

MYANMAR

...January 2005

Visuel:
Détail tiré d'un journal du Myanmar envoyé par Bruno.

dans le fil sur le trottoir. Les téléphones cellulaires sont rares, chers et réservés à la classe supérieure, qu'on appelle les «gros Myanmardeux» (à l'opposé du reste de la population, qui ne sont que des «petits Myanmariens» du tout).

Ici, moins de trois passagers sur une moto est considéré comme du gaspillage, le volant des voitures est à droite alors que la conduite est à droite (allez comprendre) et les autobus partent quand ils sont pleins : c'est-à-dire quand il n'y a plus de place sur le toit.

Souvent, partout au Myanmar, l'électricité est coupée. Hop! Comme ça, sans avertissement. Ensuite ? Dix mille Myanmariens (comme dans Robert) sortent en gueulant et dix mille généra-trices partent en même temps. Un fabuleux concert de musique industrielle! On dirait du vieux *Einsturzende Neubauten*.

En termes de qualité, la télévision myanmarde est la pire chose après la télé-réalité (à ce sujet, j'ai entendu dire que Jacynthe et Anne-Marie Losique étaient extraordinaires, c'est vrai ?*), mais heureusement, de nombreux établisse-ments possèdent une antenne satellite et les habitants ont ainsi droit, comme le reste du monde, à la Culture avec un Cul majuscule: HBO.

* Quelqu'un a enregistré "La vie (urale " pour moi ?

Internet existe, même si, pour une raison obscure, l'accès à Hotmail et Yahoo est interdit. Contrôle d'État ! (À dire avec une grosse voix en fronçant les sourcils.) On peut envoyer des messages grâce à un service de messagerie national — si vous me lisez, c'est que ça marche —, mais la rumeur veut que les courriels soient souvent interceptés…

Il n'existe pas de mot myanmartin (comme dans Paul) pour traduire le mot « sexe » ! Pourtant, il y a ici des tonnes d'enfants. Au lieu d'en parler, ils le font ?

La mode au Myanmar ? Les femmes se barbouillent le visage avec une pâte jaunâtre, le *tanaka* (je l'écris comme ça se prononce), une pâte qu'elles préparent en frottant un bout de bois sur une meule, puis en mélangeant la poudre obtenue avec de l'eau. Il paraît que ça les protège du soleil et que ça adoucit la peau. Certaines se l'appliquent soigneusement — comme un maquillage —, en accentuant la beauté des traits du visage ; d'autres s'en mettent tellement épais qu'on se croirait dans le film *Le retour des Myanmorts vivants*. Ce sont celles que je préfère. Les hommes portent la jupe longue, le *longyi* (je l'écris comme ça s'écrit), une espèce de grande taie d'oreiller ouverte aux deux bouts : ça a l'air le fun. Ils rient beaucoup — et ils ont les dents rouges. Rouges rouges rouges ! C'est que, trop pauvres pour fumer, ils mâchent des noix de Bétel (je l'écris comme j'en ai envie), et ça tache les dents. Sinon, en général, les gens ne frisent pas beaucoup.

Un peu partout, de grandes affiches à la Big Brother rappellent au peuple qu'ils sont soumis à un régime militaire, et que les éléments perturbateurs seront anéantis, rien de moins ! « *We will crush the enemy* », disent les menaçantes pancartes couleur sang…

C'est ici que je tousse dans ma main et que je me relis discrètement avant de conclure : j'adore le Myanmar ?

Bagan

À Bagan, au Myanmar, il n'a pas plu depuis le mois de novembre. Depuis une semaine que j'y suis, je n'ai vu qu'un seul nuage. Un cumulus solitaire, curieux voyageur, pas plus menaçant qu'une montgolfière, qui est passé à toute vitesse, poussé par un vent d'enfer qui vous rappelle qu'un désert, bâtard, ça ramasse la poussière !

Pourtant, malgré le ciel aride, c'est ici, à Bagan, que j'ai eu mon premier coup de foudre. Au comptoir du Greenface Bar, mon nouvel ami est un peu saoul. Mousse (c'est un pseudonyme qu'il a choisi pour préserver son identité) me parle de ses amours (malheureuses), de son travail pourri (il est fonctionnaire « forcé » à 15 dollars par mois) et de sa relation avec Bouddha (heureusement qu'il est là !). Loin de pleurnicher, il myanmarrit beaucoup de sa situation « désespérée dans un pays désespérant ». Quand je lui demande ce qu'ils attendent, lui et les siens, pour se révolter contre le régime, il se renfrogne aussitôt ; l'air grave, il regarde autour, question de s'assurer que personne ne l'écoute, avant de me confier — en myanmarmonnant — qu'il n'y a qu'une seule chose dont le gouvernement du Myanmar ait peur : les moines.

À Bagan, on n'a qu'à regarder autour pour comprendre.

Petite ville du nord-ouest, Bagan est considérée comme l'un des joyaux archéologiques de l'Asie. Sur 40 kilomètres carrés, il y a ici plus de 2 000 bâtiments religieux ! Et pas des petites cabanes en pin ! Des centaines de *zedis* et de *pahtos* qui rivalisent en grandiose et en spectaculaire, tout en grosses briques de gros temples du temps des gros bras pas de syndicats. Imaginez un immense champ d'églises Notre-Dame : ça prend-tu du pouvoir politique en Jésus-Christ pour forcer un gouvernement à investir dans un projet de cette envergure ? Un méga Bouddha Moine Power Corporation !

Mais... il y a 1 000 ans de cela.

Un peu d'histoire?

(Musique classique.)

Les premières constructions sont érigées sous le règne du roi Thantakamvrarrat, prénom Doug (oui, comme dans le livre pour enfants *Doug Gainey et Martine à la plage*), au milieu du 11e siècle. Pendant les deux siècles suivants, les ouvriers ne s'arrêteront jamais. Puis, du jour au lendemain, toute la région est abandonnée. Bye bye, tout le monde part, sans exception, sans préavis et sans payer la dernière note d'électricité. La raison? On croit que les Mongols avaient menacé d'envahir l'endroit. Et les habitants n'avaient pas nécessairement envie de recevoir une gang de Mongols à souper.

(Punch musical comique.)

Aujourd'hui, se promener dans ce qui reste du vieux Bagan, à pied, à vélo ou en charrette à bœufs, demeure une expérience enivrante. Surréaliste. C'est comme errer sur une autre planète, à une autre époque, dans un paysage à la fois impressionnant et ridicule, magnifique et inutile.

Et les gens. Les gens sont... beaux, généreux, grands, pleins. Comme Mousse, qui s'est assis spontanément à ma table il y a deux heures, pour aucune raison en particulier, et qui commence à être «gorlot» après ses *12 Myanmar beers*, le pauvre garçon. La bière du Myanmar, brassée par des petits poignets de moines bouddhistes, n'a pas beaucoup de «muscle» et encore moins de «caractère»; mais, vicieuse, elle t'abat à l'usure. «*Monk beer!*» hurle Mousse avant de piquer du nez dans le plat de pinottes.

Photo: Bruno Blanchet
Un gros Bouddha content.

Voilà. Et c'est d'eux que le gouvernement a peur, Mousse, ces brasseux de limonade ? On est loin d'une révolution !

À la recherche d'une solution, j'en parlais hier au téléphone avec Clément mon père, ex-dépisteur en chef au hockey junior majeur (et logique incarnée !), qui m'a dit, derechef : « Tu sais ce qu'il leur manque aux moines bouddhistes, mon Bruno ? » J'étais surpris.

« Non, je ne sais pas ce qui leur manque aux moines bouddhistes, papa. »

Il a pris une grande inspiration.

« Un bon gros ailier droit. »

Je vous laisse réfléchir là-dessus.

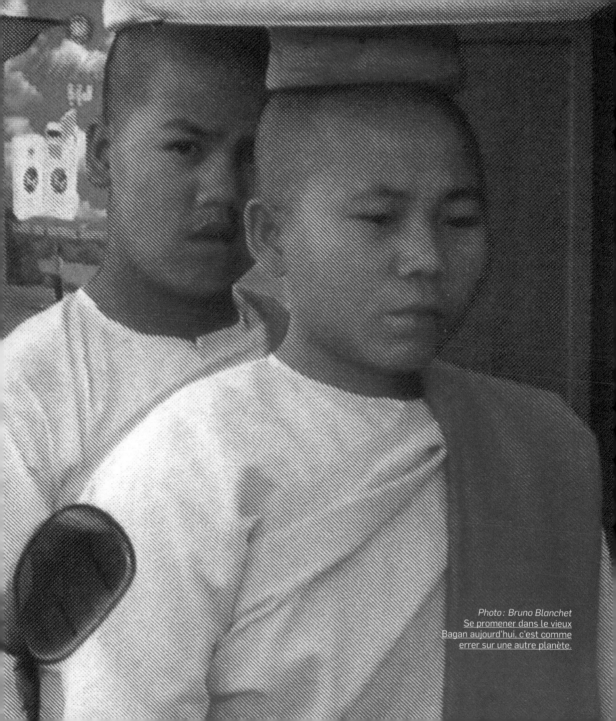

Photo : Bruno Blanchet
Se promener dans le vieux Bagan aujourd'hui, c'est comme errer sur une autre planète.

Business as usual

10 mars 2005
Mandalay, Myanmar

07195   Casher

Le train fait doucement son entrée dans Mandalay. En cachette. Un peu pervers. Pas de tchou-tchou, pas de sifflet, comme un voleur qui enjambe les poubelles et se glisse à l'intérieur de la maison par la porte de derrière, le train nous permet d'être les témoins privilégiés d'une vie surprise dans son sommeil ou, mieux, dans son quotidien : ici, un homme se lave, nu, au milieu de poulets qui se disputent l'espace ; là, derrière une pagode, une fille avec un bâton fouille une montagne de détritus à la recherche de quelque chose à mettre dans son sac ou dans son ventre ; au bord de la track, une vache maigre comme un steak tartare ne lève même pas les yeux. Toutes des images qui vous rappellent que vous avez des beaux dollars US « de l'année » dans les poches...

Myanmar. Myanmort. Crisse qu'ils sont pauvres. Mais ils sont tellement souriants que ça vous prend au moins trois semaines pour vous apercevoir à quel point ils sont démunis. Et là, ça vous rentre dedans. Et vous vous trouvez indécent d'être parmi eux et aussi blanc.

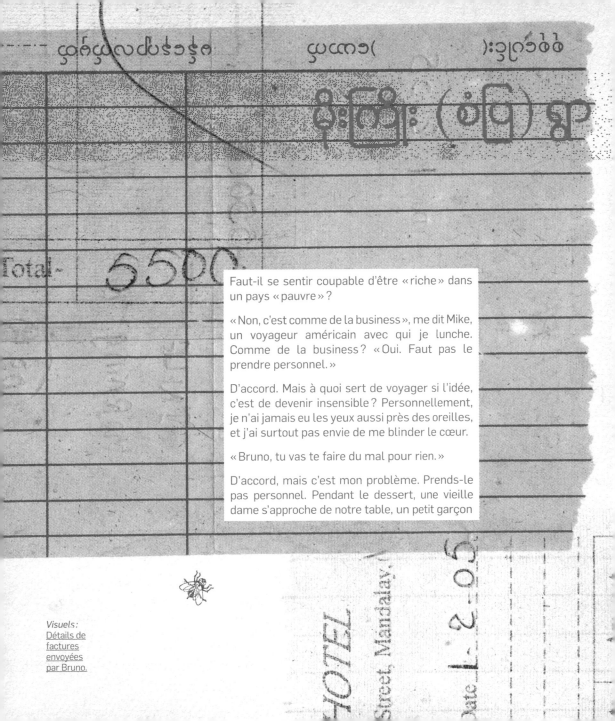

မှတ်ပုံတင်အမှတ် ဈ ထား၃( ):၃ုုက်ဝဝ

မိုးကြိုး (စိုင်း) ၇

Total~ 6500

Faut-il se sentir coupable d'être « riche » dans un pays « pauvre » ?

« Non, c'est comme de la business », me dit Mike, un voyageur américain avec qui je lunche. Comme de la business ? « Oui. Faut pas le prendre personnel. »

D'accord. Mais à quoi sert de voyager si l'idée, c'est de devenir insensible ? Personnellement, je n'ai jamais eu les yeux aussi près des oreilles, et j'ai surtout pas envie de me blinder le cœur.

« Bruno, tu vas te faire du mal pour rien. »

D'accord, mais c'est mon problème. Prends-le pas personnel. Pendant le dessert, une vieille dame s'approche de notre table, un petit garçon

Visuels :
Détails de
factures
envoyées
par Bruno.

HOTEL
Street, Mandalay.
Date 1.2.05

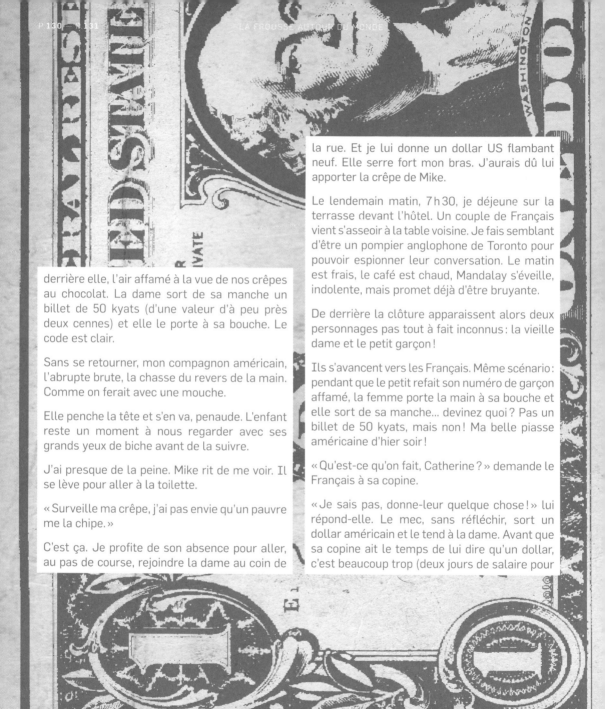

derrière elle, l'air affamé à la vue de nos crêpes au chocolat. La dame sort de sa manche un billet de 50 kyats (d'une valeur d'à peu près deux cennes) et elle le porte à sa bouche. Le code est clair.

Sans se retourner, mon compagnon américain, l'abrupte brute, la chasse du revers de la main. Comme on ferait avec une mouche.

Elle penche la tête et s'en va, penaude. L'enfant reste un moment à nous regarder avec ses grands yeux de biche avant de la suivre.

J'ai presque de la peine. Mike rit de me voir. Il se lève pour aller à la toilette.

« Surveille ma crêpe, j'ai pas envie qu'un pauvre me la chipe. »

C'est ça. Je profite de son absence pour aller, au pas de course, rejoindre la dame au coin de la rue. Et je lui donne un dollar US flambant neuf. Elle serre fort mon bras. J'aurais dû lui apporter la crêpe de Mike.

Le lendemain matin, 7 h 30, je déjeune sur la terrasse devant l'hôtel. Un couple de Français vient s'asseoir à la table voisine. Je fais semblant d'être un pompier anglophone de Toronto pour pouvoir espionner leur conversation. Le matin est frais, le café est chaud, Mandalay s'éveille, indolente, mais promet déjà d'être bruyante.

De derrière la clôture apparaissent alors deux personnages pas tout à fait inconnus : la vieille dame et le petit garçon !

Ils s'avancent vers les Français. Même scénario : pendant que le petit refait son numéro de garçon affamé, la femme porte la main à sa bouche et elle sort de sa manche... devinez quoi ? Pas un billet de 50 kyats, mais non ! Ma belle piasse américaine d'hier soir !

« Qu'est-ce qu'on fait, Catherine ? » demande le Français à sa copine.

« Je sais pas, donne-leur quelque chose ! » lui répond-elle. Le mec, sans réfléchir, sort un dollar américain et le tend à la dame. Avant que sa copine ait le temps de lui dire qu'un dollar, c'est beaucoup trop (deux jours de salaire pour

un employé de l'État), la dame s'empare du cash et le duo fuit la scène du crime.

Alors là, bravo! Grâce au billet d'un dollar, les deux piteux viennent d'augmenter leur revenu d'à peu près 10 000%! De la business? Faut croire.

Et pour la dernière fois, je vais le prendre personnel.

Photo: Bruno Blanchet
Vous auriez-pas une piasse, pour ces enfants aux jolis yeux, vous?

Photo:
Bruno Blanchet

Visuels:
Détails d'une
carte utilisée
par Bruno.

Faut-il se sentir coupable de
voyager dans des pays dirigés
par des militaires, des ~~politiciens~~
politiciens corrompus, des présidents
assassins, des premiers ministres
véreux, ou des dictateurs « élus
à vie » ? Peut-être. Dressez la liste,
dans ce cas...

Et allez faire du ski à
Tremblant !

Le lac Inle

CHRONIQUE # **031**
[09—T]

17 mars 2005
Lac Inle, Myanmar

Vous croyez que nos routes sont mauvaises ? Pfff ! Les routes du Myanmar, par comparaison, sont des pistes de ski de fond en mauvais état. J'exagère à peine. Ici, même les trous sont des bosses. Être dans un véhicule qui roule, c'est comme être un running shoe dans une sécheuse industrielle ; c'est comme si quelqu'un vous secouait dans le but de vous voler vos verres de contact. Un homme m'a raconté que son frère, un jour, dans un taxi entre Bagan et Mandalay, se fouillait dans le nez et que son doigt est entré tellement profondément dans sa tête qu'il en est ressorti par son oreille.

Et les croches ! Oh ! À flanc de montagne, sur un chemin de terre large comme une Pinto, j'ai vu des pancartes qui indiquaient des courbes dignes de J-Lo. Dans l'autobus, il fallait se serrer les épaules pour passer entre le roc et le vide. Du haut des airs, le design du circuit routier doit ressembler à un tableau de Miro. Ou à l'œuvre d'un gars saoul qui serait justement intitulée : *J'ai envie de vomir mais je peins malgré tout.*

Gen Myint Swe of Ministry of Defence inspects pa
Town.

De Yangon, la capitale, jusqu'au au lac Inle, il y a 400 kilomètres, 400 kilomètres que nous avons couverts en... 18 heures. Une moyenne de 22,2 kilomètres/heure. Faut le faire ! Et comme si les conditions routières n'étaient pas assez difficiles, chaque fois que l'autobus traversait un village ou croisait un autre véhicule (bicyclettes et piétons compris), le conducteur, plutôt que de se servir de ses freins ou de ses clignotants ou de ses phares, utilisait son klaxon. Entre 16 h 45 et 16 h 47, j'ai calculé que le furieux pilote avait appuyé 50 fois sur son (tab...) de klaxon.

Pour ajouter au plaisir, ma voisine d'infortune, à part les trois ou quatre heures où elle a dormi (je sais pas comment elle a fait), a passé tout le voyage à manger des graines de tournesol. Cric crac (elle croque). Pteuh (elle crache). Cric crac. Pteuh. Frich frouch (elle fouille dans le sac). Cric crac. Pteuh. Beep beep beep (le fou klaxonne). Cric crac. Pteuh. Cric crac. Frich Frouch. Pteuh. Cric crac. Pteuh. Cric crac.

J'avais l'impression d'être assis à côté d'une perruche. Elle a dû manger deux fois son poids en fucking graines de tournesol.

*Visuel
Extrait d'un article
du New Light of Myan-
mar envoyé
par Bruno*

Nid de poule

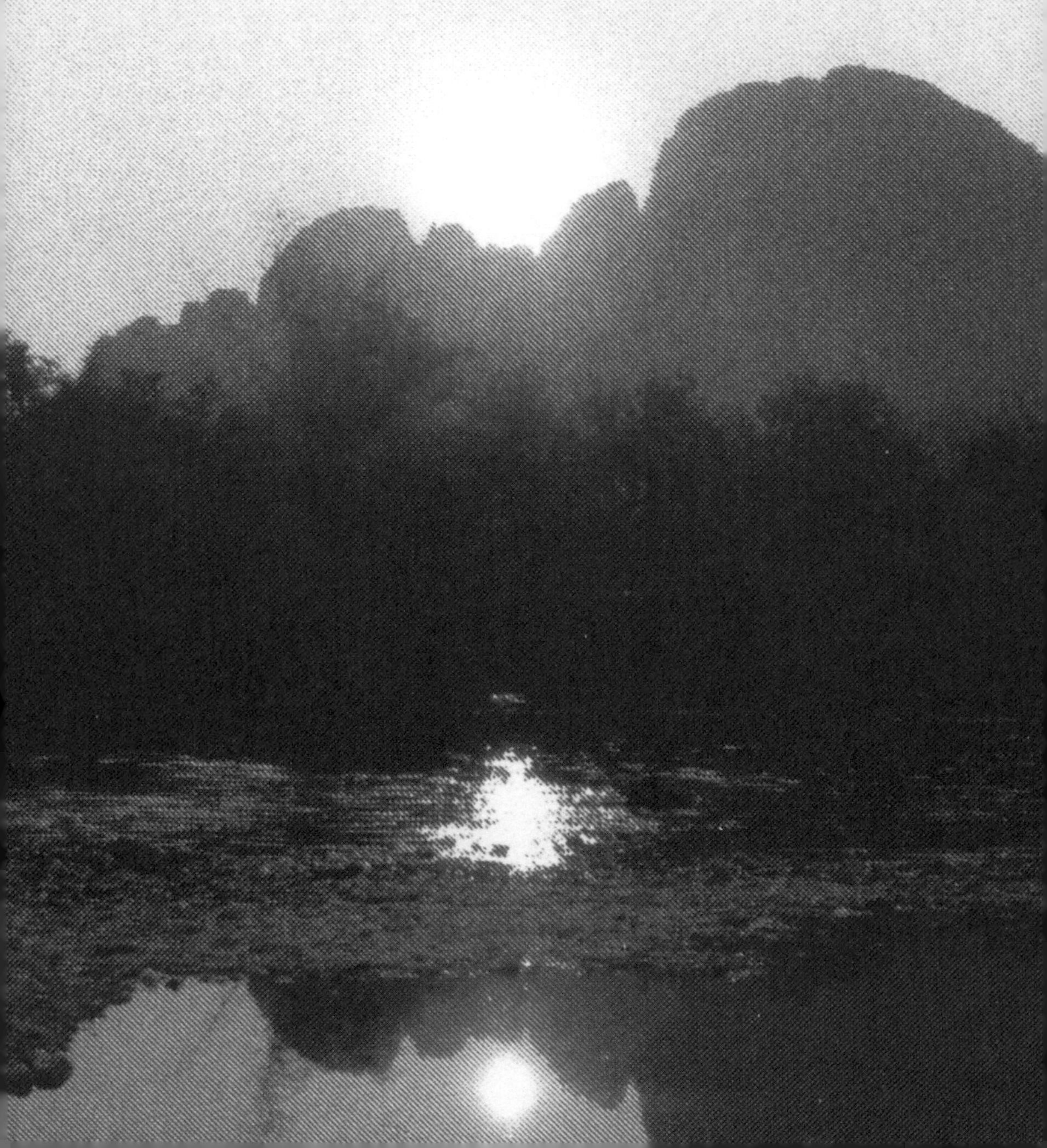

Et finalement, il y a le petit garçon derrière, qui donnait des coups de pieds sur mon banc depuis une heure et qui vient de vomir sur sa mère.

Tout ça pour aller à un bâtard de lac. Comme s'il n'y en avait pas assez chez nous... Mais l'existence étant ce qu'elle est — les efforts sont récompensés — j'ai eu droit à quelque chose de beau. Je ne sais pas comment vous décrire, les moments heureux appellent toujours les mêmes mots, mais disons simplement que, pendant que j'étais en pirogue, à 17 h 30, sur le lac Inle, et que le soleil se couchait derrière la montagne en orange brûlé, rose, violet et rouge incandescents, me sont venues à l'oreille les premières notes de la chanson de Michel Rivard. Oui, oui, Le bout dans l'eau.

Na na nana na na na. Ou quelque chose comme ça. Entoucas. Imaginez.

Dans le taxi qui m'amène à l'aéroport, j'ai le cœur gros. Mon visa est expiré et, comme le Vagabond, je dois poursuivre ma route. Le Laos m'attend. Le chauffeur de taxi me surprend: «Quand vous rentrerez à la maison, dites à votre premier ministre de nous envoyer de l'aide. Mais pas de l'argent. L'argent reste dans les poches du gouvernement. Ce qu'il nous faut, ce sont des soldats! Pour botter le derrière au dictateur.»

Une invasion?

«Oui, dites à votre beau pays de nous envahir!»

D'accord, mais pas trop. Parce que c'est faux de croire que l'Ouest a toujours raison. Et puis, l'American Dream, c'est un rêve. Vous, vous êtes vrais. Continuez à porter la jupe et à mâcher votre bétel. Et gardez les dents rouges! C'est pas vrai qu'on est plus beau avec les dents blanches. On est juste plus blanc. *Min gala Ba!* Dieu vous bénisse.

« Laos » sur la montagne

CHRONIQUE # 032
› [09—T]

24 mars 2005
Phonsavan, Laos

Photo :
Bruno Blanchet

À Phonsavan, dans la province du Xiang Khouang, au Laos, le mobilier du bureau de Kham My, sympathique agent de voyage et guide, est fait de missiles, d'obus de mortier et de bombes de toutes dimensions.

Comment s'est-il procuré un tel arsenal ? Facile. Ici, il n'y a qu'à se pencher...

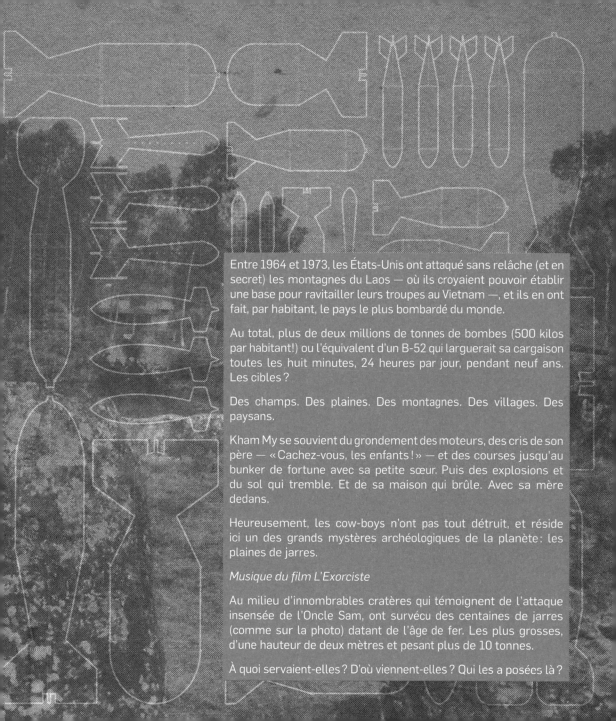

Entre 1964 et 1973, les États-Unis ont attaqué sans relâche (et en secret) les montagnes du Laos — où ils croyaient pouvoir établir une base pour ravitailler leurs troupes au Vietnam —, et ils en ont fait, par habitant, le pays le plus bombardé du monde.

Au total, plus de deux millions de tonnes de bombes (500 kilos par habitant!) ou l'équivalent d'un B-52 qui larguerait sa cargaison toutes les huit minutes, 24 heures par jour, pendant neuf ans. Les cibles?

Des champs. Des plaines. Des montagnes. Des villages. Des paysans.

Kham My se souvient du grondement des moteurs, des cris de son père — «Cachez-vous, les enfants!» — et des courses jusqu'au bunker de fortune avec sa petite sœur. Puis des explosions et du sol qui tremble. Et de sa maison qui brûle. Avec sa mère dedans.

Heureusement, les cow-boys n'ont pas tout détruit, et réside ici un des grands mystères archéologiques de la planète: les plaines de jarres.

Musique du film L'Exorciste

Au milieu d'innombrables cratères qui témoignent de l'attaque insensée de l'Oncle Sam, ont survécu des centaines de jarres (comme sur la photo) datant de l'âge de fer. Les plus grosses, d'une hauteur de deux mètres et pesant plus de 10 tonnes.

À quoi servaient-elles? D'où viennent-elles? Qui les a posées là?

Photos:
Bruno Blanchet

Kham My raconte qu'une croyance populaire au Laos, veut que les jarres aient été construites sur l'ordre d'un roi (dont le nom m'échappe, vous vous en doutez bien) afin d'y faire fermenter le whisky local, le *lao-lao* (un tord-boyaux à base de riz absolument imbuvable), pour une grande célébration en son honneur. Un méchant paquet de troubles pour virer une brosse.

Mais des archéologues français ont découvert, en creusant sous les jarres, d'autres jarres plus petites. Comme des poupées russes. Petites jarres dans lesquelles ils ont trouvé des bijoux et d'autres artefacts qui leur font croire que les jarres devaient servir d'urnes funéraires.

D'accord. Peut-être... Mais il reste que les jarres, très lourdes et extrêmement fragiles, on les trouve au sommet de collines où il n'y a pas pierre qui vive ! Ah ah ! La montagne la plus proche, située à des kilomètres, serait l'unique source de matériau pour bâtir de tels « contenants ». Comment ont-ils (elles) transporté ces immenses pots sur cette trop grande distance ? Est-ce qu'on parle d'une civilisation disparue de géants ou de madames Tupperware avec des crucifix de gros bras ?

« Mesdames, cette semaine en spécial, j'ai des pots en granit avec le couvercle assorti, vous pouvez mettre dedans jusqu'à trois morts, deux gros, un petit...

- Ooooh !

- ... ou encore préparer 150 litres de whisky et faire trois brassées de lavage !

- Ouh !... J'en veux deux !... On peut-tu l'avoir en vieux rose ? »

Parce que je vous rappelle qu'on ne connaît toujours pas les auteurs de cette œuvre de *land art* à la Christo.

Autrement dit, le mystère reste complet. Ce qui rend le travail du guide passablement difficile !

Alors que Kham My se perd en conjectures et en suppositions, j'ai une révélation. Je regarde la montagne au loin, je calcule la distance à parcourir, j'y ajoute l'élévation de la colline, que je multiplie par le poids des jarres, et j'ai la solution ! Facile ! Suffisait d'avoir un peu de bon sens.

Ce sont les extraterrestres. C'est évident !

HAPPY

CHRONIQUE # 033
› [09—T]

31 mars 2005
Vang Viang, Laos

À Vang Viang, dans la province d'Ouskisfum Lhop Yom, on sert des pizzas heureuses, des happy pizzas. Je viens de débarquer avec Scott Richards, un gars d'Edmonton qui travaille à Dubaï pour Emirates Airways, et on crève de faim. Le prospect d'une pizza nous fait saliver et si elle est happy en plus, allons-y !

Situé dans une vallée spectaculaire, le village de Vang Viang n'a lui-même rien de très impressionnant. Cet arrêt d'autobus pour backpackers qui s'est transformé en fausse petite localité est en fait un boulevard, à la Khao San Road, où s'alignent restaurants, bars, agences de voyages et tatoo parlors.

(C'est étonnant le nombre de personnes qui se font tatouer en voyage... En fait, c'est étonnant, le nombre de personnes qui portent des tatouages ! Crise d'identité ? Besoin d'affirmation ? J'ai une suggestion pour vous : ne vous faites pas faire de tatous. Vous allez être bien plus différents. Et dites-vous qu'un jour, dans 30 ans [plus précisément un jeudi, à deux heures et demie de l'après-midi], toute une génération, en même temps, va regretter amèrement le «Fuck the World» en gothique sur sa grosse bedaine ou le dragon qui crache du feu sur le toton.)

De retour à Vang Viang, au Laos. La seule particularité de l'endroit ? Tous les établissements ont un téléviseur, et tout le monde écoute la sitcom américaine *Friends*. Faque, quand tu marches sur la rue, t'entends des petits oiseaux et des rires en canne.

Une demi-heure après avoir bouffé et deux Beerlao plus tard (la meilleure bière en Asie et la moins chère), nous décidons, Scott et moi, de descendre au bord de la rivière pour contempler le paysage. En route, nous croisons Sawahk, un vieux monsieur lao qui parle un français impeccable — il vous fait dire «bonjour, Québécois» —, puis on s'amuse avec un papillon bleu et noir qui

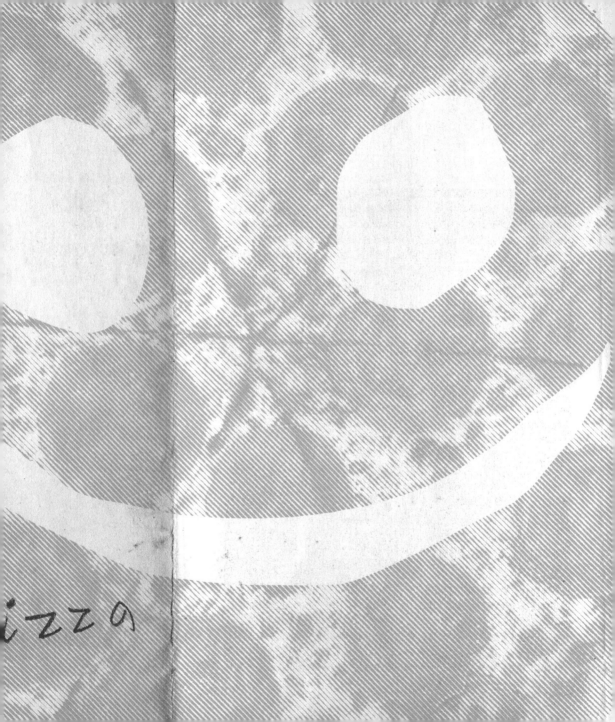

izza

s'est posé sur mon casque, nous traversons ensuite un ruisseau où les grenouilles sont plus petites que les têtards — tellement cutes! — et finalement, on atteint la rivière. Je trouve Scott particulièrement souriant. Et là, ça me rentre dedans. Boum-cracfioupatragniacfmoooou. Tout à coup, je comprends le « happy » dans « happy pizza ».

Et je suis dans le plus beau paysage du monde. Les karsts, des montagnes de calcaire vertigineuses, se dressent comme des obélisques et plongent dans la rivière où des enfants courent pieds nus (en riant) dans de la grosse roche glissante et se jettent tête première dans ça d'épais d'eau pour essayer de rattraper leur petit cousin de trois ans qu'ils viennent de pitcher dans le courant et qui commence à avaler de l'eau à force de crier au secours, j'ai peur, je ne veux pas mourir, en laotien (que je comprends parfaitement), pendant qu'un tout petit bout de garçon qui a sauté comme un pirate sur le kayak d'une touriste essaie de se lever debout derrière la madame en se tenant après son chapeau et elle crie et deux buffles d'eau qui ont l'air de rhinocéros de dos engagent un combat de « mouh! » pour gagner le cœur de la belle en chaleur qui se désaltère, le cul dans les airs, et le vent frais et l'air pur vous fouettent la peau et vous rappellent l'existence de votre corps dans l'espace qui ne fait qu'un avec votre cerveau et tout votre être et votre ego disparaissent avec le soleil qui brûle une dernière fois avant de s'éteindre.

AAAAH.....

Au bout de deux heures de digestion de pizza du bonheur, je m'aperçois que Scott n'est plus là. Et que c'est la nuit. Je me lève. Tiens, j'étais assis! Dans l'eau en plus. J'ai le fond de culotte mouillé et j'ai froid. Ça doit être parce que je dégèle. Je fouille dans mes poches. De l'argent. Mes papiers. C'est tout. Je suis déçu. J'ai oublié de demander un reçu au resto. Et je n'ai aucune idée où est mon hôtel.

Photo : Bruno Blanchet
Deux enfants
sur un « beu ».

Isabelle, Simon et Milan

07 avril 2005
Luang Prabang, Laos

Comme Québec, Luang Prabang, au Laos, a été décorée du titre « ville du patrimoine mondial » de l'UNESCO. C'est qu'elle a du charme, la Luang Prabang! Dominée par le Phou Si, la colline sacrée, bordée d'un côté par le fleuve Mékong et de l'autre par la rivière Nam Khan, elle a gardé le meilleur de la culture française du temps de la colonisation: l'architecture, le bon pain et le café digne de ce nom. Malheureusement, il y a trop de touristes — ce qui me fait réaliser que j'en suis un et ça m'énarve! — et l'accueil des Laotiens n'est pas aussi chaleureux qu'ailleurs au pays. Ça se comprend: nous sommes rue Saint-Denis. Consommation! Resto, boutique, resto, boutique, resto. Mais une rencontre inattendue m'a fait comprendre que si j'y passais un peu plus de temps — et que je cessais de bâtir des murs de préjugés à chacune de mes premières impressions —, peut-être que je découvrirais une autre facette de cette ville finalement fort charmante...

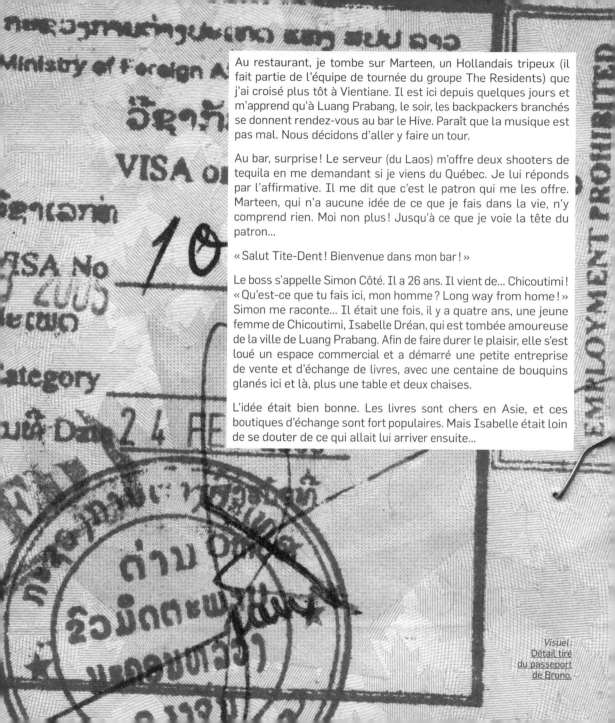

Au restaurant, je tombe sur Marteen, un Hollandais tripeux (il fait partie de l'équipe de tournée du groupe The Residents) que j'ai croisé plus tôt à Vientiane. Il est ici depuis quelques jours et m'apprend qu'à Luang Prabang, le soir, les backpackers branchés se donnent rendez-vous au bar le Hive. Paraît que la musique est pas mal. Nous décidons d'aller y faire un tour.

Au bar, surprise! Le serveur (du Laos) m'offre deux shooters de tequila en me demandant si je viens du Québec. Je lui réponds par l'affirmative. Il me dit que c'est le patron qui me les offre. Marteen, qui n'a aucune idée de ce que je fais dans la vie, n'y comprend rien. Moi non plus! Jusqu'à ce que je voie la tête du patron...

« Salut Tite-Dent ! Bienvenue dans mon bar ! »

Le boss s'appelle Simon Côté. Il a 26 ans. Il vient de... Chicoutimi ! « Qu'est-ce que tu fais ici, mon homme ? Long way from home ! » Simon me raconte... Il était une fois, il y a quatre ans, une jeune femme de Chicoutimi, Isabelle Dréan, qui est tombée amoureuse de la ville de Luang Prabang. Afin de faire durer le plaisir, elle s'est loué un espace commercial et a démarré une petite entreprise de vente et d'échange de livres, avec une centaine de bouquins glanés ici et là, plus une table et deux chaises.

L'idée était bien bonne. Les livres sont chers en Asie, et ces boutiques d'échange sont fort populaires. Mais Isabelle était loin de se douter de ce qui allait lui arriver ensuite...

Visuel :
Détail tiré
du passeport
de Bruno.

Simon

Milan

Photo: Bruno Blanchet
Trois Québécois bien
installés à Luang Prabang.

Quelques mois plus tard, de passage à Chicou pour un mariage, elle rencontre Simon. Coup de foudre. Et trois jours plus tard, coup de théâtre ! Simon, qui ignorait où se trouvait le Laos 72 heures plus tôt, décide de faire ses valises et de suivre sa belle à l'aventure. Aujourd'hui, parents d'une mignonne blondinette prénommée Milan (qui, à 2 ans, parle et comprend le français, l'anglais et le laotien !), Simon et Isabelle sont propriétaires du café-librairie *L'Étranger* — qui occupe maintenant deux étages —, du bar le Hive — rempli à capacité chaque soir —, et ils viennent de faire l'acquisition d'un joli petit restaurant au bord de la rivière.

Simon me fait faire le tour de la ville à bord de son vieux Jeep rafistolé et, franchement, il n'a pas à faire beaucoup d'efforts pour me transmettre son amour contagieux pour Luang Prabang. En dehors du circuit touristique, l'endroit est magnifique, et les habitants souriants comme dans le reste du pays. Tout le monde lui envoie la main.

Je le traite de star. Il trouve ça drôle.

« Mais t'as pas eu peur de partir, il y a quatre ans, Simon ? », que je lui demande, full journaliste.

« Bof, je n'avais rien à perdre. J'avais un billet de retour ! », qu'il me répond en riant, le modeste bleuet.

Peut-être que c'est vrai. Peut-être qu'il n'avait rien à perdre. Mais sa blonde et lui ont quand même tout gagné.

Chapeau, les amis.

Phop kan mai.

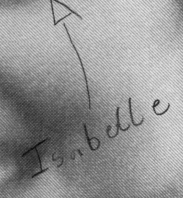

Isabelle

Attachez votre ceinture

CHRONIQUE # 035
› [09—T]

14 avril 2005
Luang Namtha, <u>Laos</u>

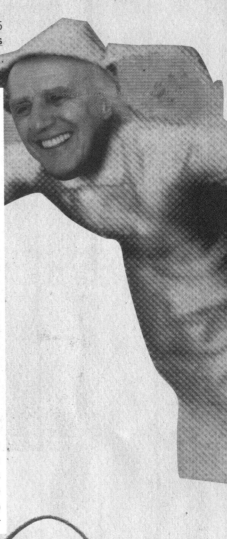

Sept heures du matin.

Ha! Vous vous réveillez en sursaut dès les premières notes de l'hymne national du Laos — Pouet POUET Ta ta TA TA ta TA! — qui est diffusé comme chaque matin à un volume trop élevé dans des haut-parleurs de mégaphone pourris placés stratégiquement aux quatre coins de la ville, tout en haut de poteaux bien huilés — sans doute afin que personne ne puisse y grimper pour les débrancher, les tab..., la première pensée qui vous a traversé l'esprit ce matin. Et, « pouet POUET TA TA taaaa! », l'air militaire vient confirmer votre bonne décision de quitter le pays.

Vous êtes à Luang Namtha, une petite bourgade sans intérêt du nord du Laos, sinon qu'elle est confortablement blottie dans une pas pire jolie vallée à un jet de pierre du fameux Triangle d'Or — c'est chaud! — quelque part entre la cuisse et le sexe de Madame Opium. Dans « la laine », préciserait Réjean. Au marché à côté de l'arrêt d'autobus, alors que vous vous achetez des oranges et de l'eau pour la route (au comptoir, on vous a promis que le voyage ne durerait que trois heures, donc vous vous préparez à six), quelqu'un vous tire sur le pantalon.

Vous vous retournez mollement, croyant avoir affaire à « ah non, pas une autre! » enfant affamée avec son petit frère dans les bras — un duo classique de quêteux qui ne vous émeut plus du tout et commence même un peu à vous agacer, à force de —, ou à une petite vieille qui veut vous vendre de la drogue. Vous vous souvenez combien ça vous avait étonné, la première fois, quand une dame d'au moins 70 ans — dont 50 passés penchée dans le champ — en costume folklorique inexplicable (un mélange entre la Sœur

Volante et Gilles Vigneault) vous a offert une cocotte de plant de pot grosse comme un mollet, alors que vous pensiez qu'elle voulait vous vendre un fucking de bracelet. Hi hi! *Watch out*, les *Hell's Angels*, voici les *Hells Zheimer*!

Mais aujourd'hui, ce n'est ni l'un ni l'autre qui vous gosse... Quelle n'est pas votre surprise de trouver, à vos pieds, ce matin, un cul-de-jatte l'air très sérieux, qui vend... des amulettes pour protéger du mauvais sort! En plus, il est presque le sosie de Patrick Masbourian! À moitié. Incapable de vous retenir, vous échappez un éclat de rire indécent. Gêné, vous passez ça sur le compte de la fatigue, en expliquant que vous avez dormi dans un bain (rares sont les matelas qui épousent amoureusement les formes de votre corps dans les hôtels à deux piastres la nuit) et que, toute la nuit, Angèle Dubeau a voulu vous zigner avec un violon en feu. Le monsieur pas de jambes n'en a rien à cirer (comme dans chaussures). Y veut pas de la compassion. Y veut du cash. Il vous tend un épeurant collier, genre «truc vaudou avec des dents», en souriant. Lui n'en a plus.

Il est huit heures du matin.

La situation est tellement absurde que, pendant un moment, vous avez presque envie d'y croire et de lui donner du paranormal crédit en achetant au «réduit» une de ses cochonneries.

Peut-être auriez-vous dû...

Dans le minibus, vous êtes le seul touriste étranger. Il n'y a plus de siège pour vous. «C'est pas grave», vous fait comprendre le conducteur, en vous tendant — en vous garrochant serait plus juste — un coussin et en vous indiquant l'allée centrale, où il est impossible de marcher, mais possible de s'asseoir sur une des dizaines de bonbonnes de gaz propane (!) qui gisent au milieu de 25 bruyants passagers, des bagages et de la... boucane!

Parce que tout le monde fume! You hou? Badaboum? Du gaz, des flammes, tsé, le mélange des deux, ça vous dit quelque chose? Pff!

Tout le monde s'en crisse.

D'accord. Le ton est donné.

Je m'assois sur une bombe dans un mauvais scénario de film catastrophe. Destination, la Chine profonde. Vous venez?

Visuel:
Un «boutte» de
facture laotien.

欢迎您

Photo : Bruno Blanchet

Photo : Bruno Blanchet
Vous avez l'impression d'être assis sur un crocodile comme sur la pancarte de gauche. P.S C'est un vrai !

Treize mille millions de Chinois, et moi et moi et moi

CHRONIQUE # 036   21 avril 2005
› [08—T]   Jinghong, Chine

«Il ne faut pas profiter de la vie uniquement dans les bons moments.» - Cheo Shu

La route sillonne une jolie campagne. Le soleil brille. Dit bonjour aux montagnes. Caresse les vallons. Saute à cloche-pied dans les rizières. Sourit aux usines. Puis se couche sur les gratte-ciel.

Terminus. Nous sommes à Jinghong, une ville de quatre millions d'habitants dont je n'ai jamais entendu parler, dans la province du Yunnan. À la descente de l'autobus (qui n'a miraculeusement pas explosé), alors que je me crois maintenant en sécurité, je regarde autour. Oh.

Un silence d'une seconde précède le choc.

Fffiiiiiiiiiiii... BANG! La Chine me tombe dessus comme un piano dans *Bugs Bunny* : toutes les affiches, les pancartes, les indications, tous les panneaux publicitaires, les graffitis et même les petits bonhommes pipi, absolument tout ce qui se lit est... en chinois. Et du chinois, je ne sais pas si vous savez, mais ça ressemble en maudit à du chinois. Alors, par où je vais, moi ? Le premier Chinois à qui je pose la question me répond bête en chinois. La dame chinoise au comptoir aussi. Le vieux monsieur chinois sur la rue ? En chinois. La jeune fille en costume d'écolière chinoise ? En

chinois! Bon. Je dois me rendre à l'évidence: en Chine chinoise, les Chinois ne parlent que le chinois.

C'tu drôle hein? Je n'y avais pas pensé! (C'est vrai que l'Asie du Sud-Est et les îles Fidji m'ont peut-être ramolli: les efforts pour échanger avec les autochtones y sont souvent réduits à parler un anglais de bébé du type « *I go there yesterday* »).

Et là, du coup (comme dans «de pelle»), mon sac à dos pèse 250 kg. «C'est le moment de t'asseoir à une terrasse pour faire le point, Bruno...» À peine le temps de souffler que la patronne (?) du resto sort et m'apostrophe en... chinois. Et c'est reparti! Réfléchissons. Est-ce qu'elle me dit bonjour? Me pose une question? M'offre quelque chose? Elle plisse le front. Hon. Est-elle fâchée contre moi? Tout ce que je peux lui répondre, c'est: «Désolé. Toi et moi, on part à zéro, matante.»

Elle me tire par le bras et me traîne dans la cuisine, où je comprends qu'elle veut que je lui pointe des ingrédients afin qu'elle me compose un plat. Ah! D'accord. Je n'ai pas très faim, mais je suis poli. Alors, un légume, un autre légume, un bol, des nouilles et un poulet. De la soupe au poulet! OK?

Elle fait ce qui me semble correspondre à un « oui » de la tête. Je retourne à ma table. Mon sac à dos est toujours là. Ouf! Détail important!

Visuel:
Détail tiré d'un billet d'entrée
d'un musée Chinois.

tête de poulet

D'abord, rester «focussé». Ensuite, faire la liste de tout ce que je connais en chinois. Hem. Egg roll ? Numéro deux pour deux ? Ping-pong ? Bruce Lee ? Euh… Balle de ping-pong ?

Shit. Autrement dit, rien ni personne qui puisse m'aider : je suis nul et tout seul au monde.

Et en relevant la tête, je vois que «tout le monde», il me dévisage. Même qu'à la table d'à côté, on rigole. Ça doit être parce que la patronne vient d'arriver avec mes plats et, franchement, il y a de quoi se bidonner. Au menu ce midi pour Bruno, cinq pieds sept pouces, 142 livres ? Une immense assiette de légumes frits, une autre assiette de légumes frits, un gros plat de nouilles et, dans un bol, un véritable massacre : le poulet au complet (la tête, le cou, les pattes, alouette !) découpé en gros morceaux dans son jus gris. Tout ce que j'avais pointé, finalement. Juste… pas mélangé.

J'en offre à mes voisins hilares. Le plus saoul m'offre un verre de bière. On fait tchin-tchin. Puis il se moque de moi. Je crois. Entoucas. J'ignore encore si la Chine me plaira, mais ça commence.

Photo : Bruno Blanchet
Massacre dans un bol à soupe.

Ji Geng!*

CHRONIQUE # 037

28 avril, 2005
Lijiang (Yunnan), <u>Chine</u>

› [08—T]

*Photo:
Bruno Blanchet
<u>Dans le Yunnan,
contre toute
attente, Bruno
Blanchet est
souvent plus grand
que tous ceux qui
l'entourent.</u>*

Soupe au poulet!

Comment ça va, vous autres? Moi, franchement, ça va pas pire du tout. Après 10 jours en Chine, la vie est déjà beaucoup plus facile. J'ai appris à dire bonjour, merci, comment ça va, à quelle heure, vous êtes jolie mademoiselle, je vous aime, dans mon pays, je suis une star et je suis riche et je suis célibataire, au revoir, et merci beaucoup docteur. Je sais aussi compter jusqu'à 10, en chinois, et... sur les doigts! Parce que même ça, c'est chinois! Ce serait bien trop simple de faire le chiffre 6 avec 6 doigts...

Des exemples? Le pouce et l'index tendus, comme en «pistolet», ça représente le chiffre 8; un «bec de canard» avec le pouce sous les autres doigts signifie 7; et le poing fermé égale 5. Donc, si vous voulez dire 587 à madame Li Ping ou à monsieur Hu Loh, ça se traduit dans votre tête par «je te mets mon poing dans face si tu tires sur le canard».

C'est facile à retenir.

Je me sers aussi d'une technique révolutionnaire pour traduire l'écriture chinoise, depuis que j'ai remarqué que les caractères ont l'air de petits bonhommes quand on les examine de près. Je regarde un mot et là, je me dis: «Ah! C'est la petite madame pas de cou avec les grosses foufounes qui tient le parapluie du grand maigre en canot, avec le chapeau et la petite bizoune.» Ça me fait rire et ça fonctionne très bien. Je suis même à la veille de leur donner des noms (je vous tiens au courant).

Mais il y a une chose, UNE chose, qui me rend vraiment heureux depuis quelques jours. Vous ne me croirez peut-être pas (j'y suis habitué), mais, à force de me retrouver coincé dans des foules de Chinois (parce que ça se déplace en tas, ce monde-là), j'ai remarqué que... j'étais souvent LE plus grand! Le PLUS grand! Yes! Ça ne m'est pas arrivé souvent, dans ma vie, d'être le plus GRAND, alors je vous jure que j'en profite pour les regarder de haut, la gang de petits morveux, la bande de nabots, pfff! et avec le même sourire insignifiant que nous faisait le grand Bérubé en sixième année avant de nous crisser une volée. Tassez-vous, minus, je suis un géant! Bi bi bi.

Désolé, je ne vous parle que de moi. Je ne vous ai pas dit grand-chose au sujet de la Chine depuis deux semaines, hein? C'est parce que je ne sais pas par où commencer! Le Yunnan, c'est quasiment extraordinaire: les paysages spectaculaires, les villages pittoresques, les ethnies colorées, j'aime tout! Même la pollution des villes carrées et le manger pas bon. Pas de farce, je capote. J'ignore ce qui se passe avec moi, mais, depuis mon arrivée dans ce pays, j'irradie. Je brille. Je suis beau.

J'imagine que vous voulez une preuve? Hier, au restaurant Sakura, à Lijiang (une ville millénaire magnifique, avec des toits de tuiles, des ruelles entortillées et des vieux messieurs chinois de 200 ans), je mangeais tranquillement, seul, du macaroni (je vous en reparlerai de ces fameux plats «western» en Chine), et j'étais en train de me dire, dans ma tête, que j'allais peut-être joindre un «groupe avec guide» pour aller faire du trekking à la gorge du Saut du Tigre (regardez sur le Net, c'est un des endroits les plus spectaculaires du monde), parce qu'en solo, «trekker», c'est plate. C'est alors que deux jeunes femmes d'origine chinoise (que je ne connaissais pas, je dois le préciser) se sont assises à ma table et, après s'être présentées (Ming Ming et Lu Jia), m'ont demandé, spontanément, comme ça, si je oulais les accompagner pour aller faire... du trekking à la gorge du Saut du Tigre! Wow! Bruno, Ming Ming et Lu Jia à la montagne! C'est pas beau, ça? On dirait le titre d'une comédie musicale!

Je pars demain. Trois jours avec deux Chinoises. Faites le calcul. Oulala.

C'est promis, la semaine prochaine, je ne vous parlerai presque pas de moi.

L'Interprète de poche

ydia Chen
Ying Bian

CHINOIS

cāntīng
Restaurant

lěngyǐn rèyǐn
**Boissons froides
et chaudes**

yān jiǔ shípǐn
**Cigarettes, vin,
alimentation**

shuǐjiǎo
Raviolis

miàntiáo
Nouilles

Deep Throat
(version absurde chinoise)

CHRONIQUE # **038**

› [08—T]

05 mai 2005
Lijiang (Yunnan), <u>Chine</u>

Photo :
Bruno Blanchet
<u>La voilà donc</u>
<u>cette gorge</u>
<u>profonde</u>
<u>du Yunnan.</u>

La caméra survole la gorge du Saut du Tigre en hélicoptère, comme dans IMAX.

(Musique grandiose.)

La gorge du Saut du Tigre, au Yunnan, est une des gorges les plus profondes du monde.

Sise entre les pics enneigés des montagnes Yulong et Haba — dont les sommets atteignent 3 900 mètres —, et avec une dénivellation de presque 200 mètres sur 17 kilomètres, elle est l'hôte de la tumultueuse rivière Jinsha : un cours d'eau sauvage qui s'y glisse bruyamment, en cascades et en torrents d'argent, comme un animal indomptable, à la fois viril et suave, beau et terrible ; comme une impétueuse panthère de mercure qui avalerait tout sur son passage en rugissant. Grrr ! Glou gloug glou.

(Punch musical.)

C'est pas de la tarte, mon Réjean.

Gros plan de Réjean Houle.

(Musique intense.)

Depuis l'ouverture des sentiers de la gorge au public, plusieurs personnes y sont mortes accidentellement : soit avalées par le ravin, soit entraînées par une avalanche, soit ensevelies sous une coulée de boue ou simplement mortes de froid, après s'être perdues...

C'est pourquoi, dans le guide *Lonely Planet*, on nous recommande d'être extrêmement prudents dans la gorge; d'apporter de l'eau en quantité suffisante, des vêtements chauds et de quoi se protéger en cas d'intempéries ou de froids soudains.

Pour ces choses-là, moi, je ne suis pas obstineux: je me suis donc acheté des bottes aux semelles antidérapantes en caoutchouc de palette de ping-pong et je me suis assuré d'avoir dans mon sac le nécessaire pour pouvoir dormir sur la lune.

Un astronaute sur la lune nous envoie la main. À côté de lui, une fille en bikini.

(Musique légère.)

On voit Bruno de la tête aux pieds. Il est habillé comme Georges Brossard de l'Insectarium.

Ce matin, avec mon «Tilley hat» enfoncé sur le crâne, déguisé *Full Metal Jacket*, j'ai l'allure de quelqu'un qui a déjà fait ça avant, et c'est parfait: je ne connais rien au trekking en montagne, mais j'ai décidé de prendre mon rôle de «seul gars de l'expédition» au sérieux; et franchement, je hais pas ça, ressembler à

Georges Brossard.

Bruno attrape une mouche et la mange.

Huit heures trente. Les deux filles arrivent au café où l'on s'était donné rendez-vous à huit heures.

En les apercevant, je comprends immédiatement qu'elles sont *fashionably late…*

(Musique funky à la Lesbos Vampiros.)

Lu Jia, qui porte une jolie blouse rose, avec rouge à lèvres et souliers assortis, me fait un mignon clin d'œil et essuie sa chaise avant d'y poser son séant; Ming Ming, le cheveu savamment en bataille, le bleu « années 80 » sur les yeux, porte un jeans serré serré qu'elle a dû enfiler couchée sur son lit avec de la vaseline ou de la moutarde.

L'avoir su, j'aurais mis ma robe rouge et mes talons hauts.

Bruno, déguisé en Anne-Marie Losique, est accroché à la paroi d'une falaise. Il rit et tombe dans le vide.

Pendant que les deux copines sirotent un thé, je tente de leur expliquer qu'elles devraient peut-être au moins s'apporter une petite laine.

Elles ne comprennent pas ce que j'essaie de leur dire. Je leur mime un manteau, un mouton et un vent glacial. Elles rient.

Découragé, je m'aperçois que les seuls mots d'anglais que mes nouvelles amies connaissent ont tous été utilisés le soir de notre rencontre. Shit.

Je ne pars pas pour trois jours de trekking. Je pars pour trois jours de mime.

Bruno, déguisé en mime, fait le pitre au milieu de la rue, et les Chinoises rient.

Mais, le pire, c'est que ce matin, assis devant ces deux visages innocents, j'étais bien loin de me douter que j'allais tomber dans… un guet-apens !

(Musique de film d'horreur.)

Sur la rue, le mime est inquiet. Le rire des Chinoises se transforme en rictus démoniaque.

(Punch musical.)

Le mime se fait écraser par un autobus.

Les mots « À SUIVRE » apparaissent à l'écran.

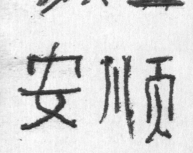

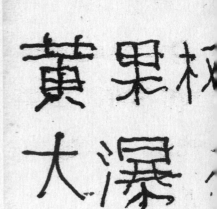

Visuel :
Caractères chinois tracés par Bruno dans son livre.

Photo :
Bruno Blanchet, Ming Ming et Lu Jia en trekking à la gorge du Saut du Tigre : vive le moment présent !

Ming Ming

Lu Jia

Deep Throat
(La leçon chinoise)

CHRONIQUE # 039
› [08—T]

12 mai 2005
Lijiang (Yunnan), <u>Chine</u>

Wow. Wow, la gorge. Wow, les Chinoises. Wow. Wow, la Chine. Wow.

On s'est inventé un langage, à mi-chemin entre Marcel Marceau et le mandarin; on s'est perdu dans la montagne; on a retrouvé notre chemin en chantant «wing wong biding badang»; on a ri comme des fous; on s'est assis sans rien dire; on s'est lancé un ballon; on a marché en silence; on a cueilli des fleurs jaunes; on a essayé d'attraper un chien pour le manger; elles m'ont donné des coups de kung fu (elles viennent de Shaolin); je leur ai parlé de Réjean Houle et je leur ai fait crier «Go Habs Go» dans l'écho.

C'était le délire. C'était *The Sound of Music meets Monty Python*.

C'était n'importe quoi, sauf une catastrophe.

Flashback. En débarquant en Chine, je m'attendais à rencontrer de vieux communistes gris (avec des calottes laides et des pantalons bruns) et des jeunes droits comme des piquets, tous pareils, qui attendent en ligne, qui dansent en ligne et qui pensent en ligne.

Voilà ti-pas que je tombe sur ce duo d'étudiantes «too much», deux belles jeunes femmes épanouies, modernes, pas du tout «barrées à 40», allumées, critiques et insoumises au rouge régime. Surprise, Mononc'!

Et en plus de faire tomber mes préjugés quant à la jeunesse chinoise (et à l'avenir de la Chine!), elles m'ont enseigné un tas de choses chinoises, que j'aimerais partager avec vous. Ouvrez les écoutilles.

Dans le train, l'autre jour, j'étais assis à côté de deux hommes qui, je pensais, allaient se battre tellement le ton montait entre eux. À tout bout de champ, un des deux protagonistes crachait par terre entre ses pieds, comme en signe de provocation. Au bout d'une heure de criage et de crachage *non-stop*, j'ai dû me rendre à l'évidence: ces deux gars-là jasaient.

Lu Jia et Ming Ming m'ont expliqué que les Chinois croient que le «diable», ou le «mauvais», entre par la bouche. Quand les Chinois ouvrent la bouche, ils s'assurent donc que rien ne puisse y entrer en poussant le volume à fond et en ne laissant aucun silence permettre au «malin» de s'y infiltrer.

Et pourquoi ils crachent? Logique! Au cas où ils auraient un petit peu de «pas bon» de collé sur la langue.

Mon Tilley hat

注意安全小心跌落
DANGER

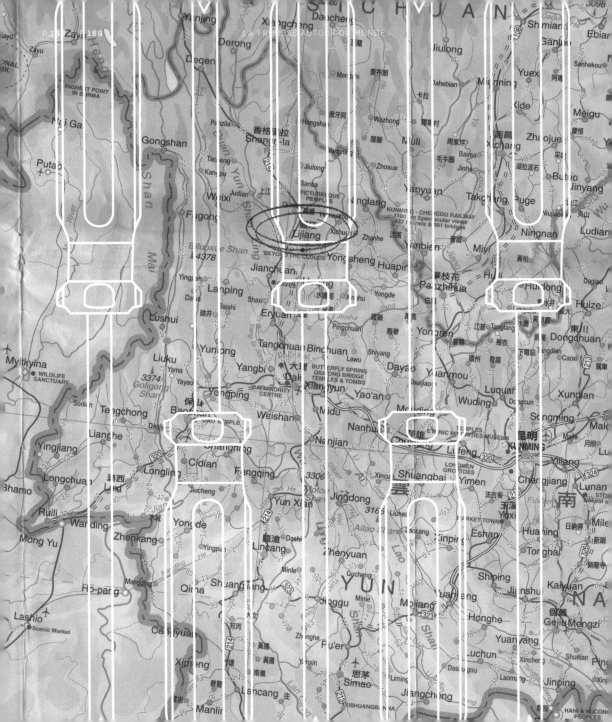

Elles m'ont aussi appris à m'asseoir «en chinois» — les deux pieds à plat et le cul sur les talons. C'est étonnant de les voir tous dans cette position : attendre l'autobus, pêcher, manger, lire un journal ou faire n'importe quelle autre activité qui ne demande pas d'être debout.

Essayez-le à la maison. Confortable, n'est-ce pas ? Regardez-vous dans un miroir, et imaginez maintenant 20 adultes sur le coin d'une rue, habillés pour aller au bureau, assis dans cette position de «bébé fait caca». C'est comique en ta...

Tannées de m'entendre leur dire «please» et «thank you», elles m'ont indiqué qu'en Chine, entre amis, on n'a pas besoin de se dire «s'il vous plaît» et «merci». Sans s'en rendre compte, elles m'ont peut-être révélé un des secrets de l'efficacité chinoise... Le langage ! J'explique.

Sur un chantier de construction chinois, Pi Lou veut un tournevis. Il dit à son ami Vo Mi : «donner tournevis» (parce qu'en plus, ils n'ont ni articles ni conjugaison de verbe). Son ami lui donne le tournevis. *That's it.*

Et pendant qu'à la maison, on se confond en conditionnels présents déférents, de «voudrais-tu» en «pourrais-tu», en «serais-tu assez gentil pour» et en points d'interrogation polis qui exigent une réponse, le Chinois, lui, il visse sa vis !

Finalement, le dernier soir, quand nous nous sommes quittés, sans échanger d'adresse, sans s'embrasser, sans se serrer, sans se donner la main même (!), juste avec un simple «bye bye», elles m'ont fait comprendre qu'en Chine, il me faudra profiter du moment présent : parce que, quand les vacances sont finies et que les rires insouciants se sont tus, on redevient vite l'étranger du début. Et la vie continue.

La semaine prochaine, le petit Tibet.

Visuels :
Détail d'une carte de la Chine utlisée par Bruno.
Étampes et caractères chinois tracés par Bruno dans son livre *L'Interpète de poche chinois.*

Le petit Tibet

CHRONIQUE # 040
› [08—T]

19 mai 2005
Zhongdian (au nord du yunnan), Chine

Manon, viens danser le yak !

Yak-tu d'la bière icitte ?

Yak yak yak yak yak... d- d- d-d-dans ma tête !

Ah ! Autant de grands succès qui auraient pu être composés en pensant à ce noble animal qu'est le yak, mais que voulez-vous ? On lui a préféré le ska, la dinde, Michèle Richard, ou n'importe qui qui liche son péteux ou son chien. Et ça me tue ! À Zhongdian, au nord du Yunnan, dans le « petit Tibet » (à la frontière du grand Tibet), le premier signe qui vous indique que vous arrivez à 3 200 mètres d'altitude, dans une atmosphère rare, voûtée, presque céleste, c'est l'apparition du yak et la disparition de la vache, bébête trop moune pour supporter le dur climat.

Quel bel animal, ce yak ! L'air presque intelligent. Et délicieux en plus... Dans une petite sauce brune parfumée à l'aneth, ça goûte une espèce de bœuf « plus » : plus dur, plus hargneux, plus musclé, avec une graisse épaisse d'animal préhistorique qui s'est battu pour sa femelle et pour sa survie ; ça goûte aussi le vent, l'hiver, le poil de la fourrure qui vous protège du froid; ça goûte la montagne, SA montagne, enneigée, sauvage, qu'on escalade pieds nus depuis 2 000 ans pour aller prier un dieu qui se fait

Photo : Bruno Blanchet
Paysage du Yunnan.

toujours attendre ; ça goûte l'écorce de l'arbre gravée « *I love you* » en 153 langues différentes, ça goûte la sève des printemps qui vous font espérer l'été, le miel récolté, la joie des enfants, les grands-parents qui sont aux champs, ça goûte le fumier et les fleurs, ça goûte...

Ça goûte la liberté.

La pluie cesse.

Inspiré, je grimpe jusqu'au mât à prières, derrière le Ganden Sumtseling Gompa, le plus gros monastère tibétain de Chine, à l'extérieur du Tibet. On dit d'ailleurs que cette région, popularisée sous le nom « Shangri-la » par l'auteur James Hilton dans son classique *Lost Horizon* (que je ne connais pas, désolé), est l'expérience la plus immédiate du Tibet que l'on peut vivre sans aller au Tibet — un long détour que je ne peux malheureusement pas me permettre, mon billet d'avion « ouvert un an » est à la veille de se refermer ; il me reste 16 jours !

De là-haut, je me dis que, si la Chine était une maison, j'aurais l'impression d'être sur sa corniche. Il y a ici plus d'air que j'en respirerai dans toute ma vie et, assis sur le vent, j'ai une vue imprenable sur le village... Et sur l'année qui vient de s'écouler.

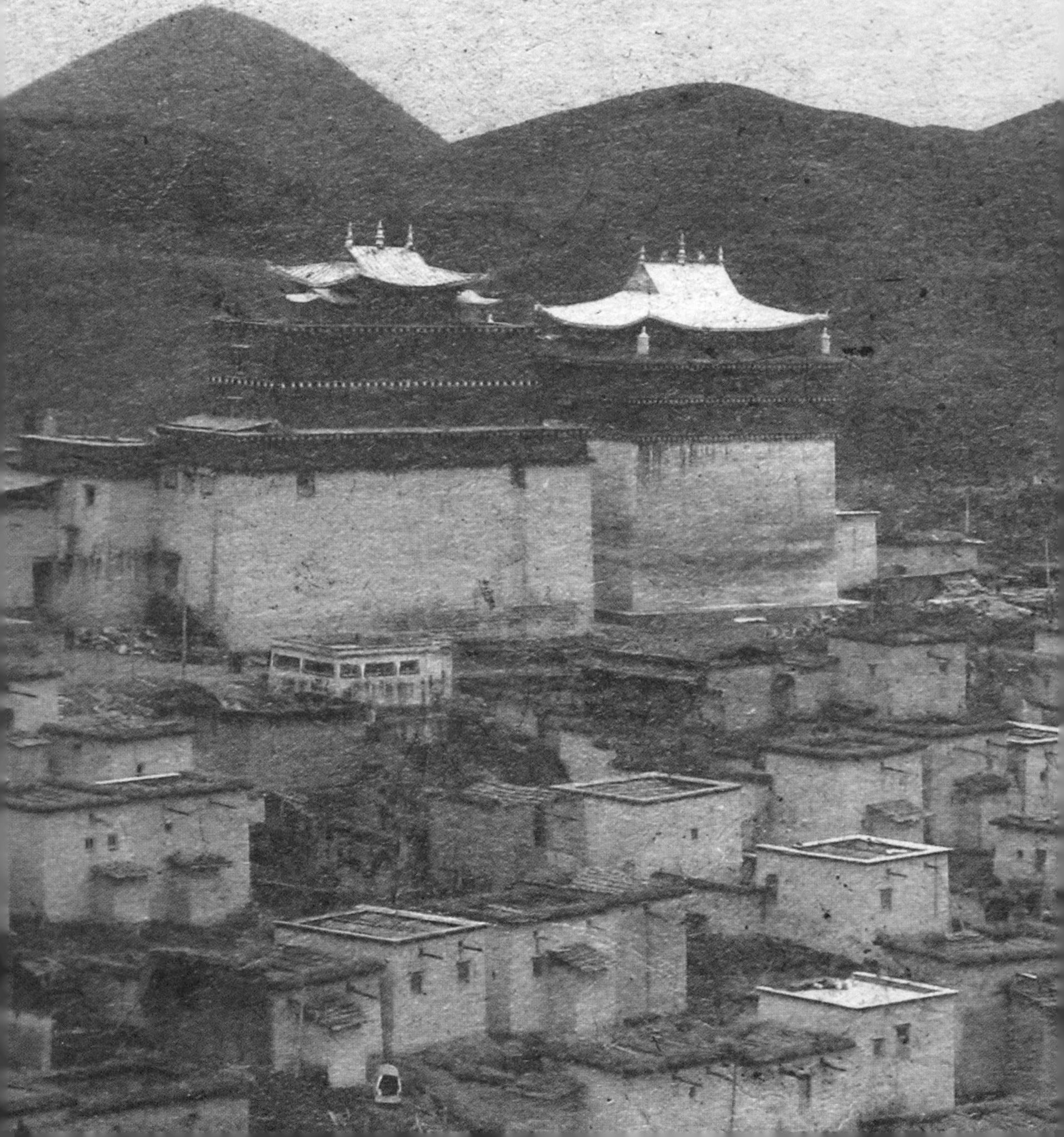

Je ne peux pas croire que c'est déjà terminé. J'ai le moton.

Un vieil homme descend la montagne à dos de mule. Il s'arrête à ma hauteur. On le dirait tombé du ciel. Paisibles, ses yeux pétillent comme les reflets du soleil sur l'eau du Pacifique, et son sourire est si grand et rassurant qu'on aurait envie d'y accrocher son hamac.

« *Are you happy ?* », qu'il me demande sans me saluer.

Beep. L'Étranger met le doigt drette sur le piton. Le gros piton sensible.

Are you happy ? Es-tu heureux ?

Le timing est tellement parfait qu'il m'aurait demandé de lui dessiner un mouton (ou un yak !) que j'aurais trouvé ça moins étrange. Faut que je prenne une grande inspiration. Juste d'y penser, j'ai envie de partir à brailler. D'exploser.

Je regarde autour de moi. Je suis tout seul au monde dans un des plus beaux paysages que j'aie jamais vus de ma vie — un paysage auquel je n'aurais jamais même rêvé ! Ça fait un an que je suis parti, il me reste de l'énergie ; oui, des fois, je m'ennuie, mais...

Photo :
Paysage
du Yunnan.

« *Are you happy ?* » Yes.

C'est tout ce que je peux lui répondre. Yes. J'aurais voulu crier OUI OUI, OUI, assez fort pour en offrir, assez fort pour le partager, assez fort pour que les oreilles vous cillent ; mais, au lieu de m'égosiller, je suis rentré à l'hôtel et j'ai fait une folie : j'ai appelé la compagnie aérienne. Et j'ai annulé mon billet d'avion. Mon billet de retour.

Hi hi ! Je reviens à pied. Attachez vos culottes avec de la broche barbelée. L'aventure ne fait que commencer.

Photo :
Paysage
du Yunnan.

Marcher autour de la planète
est encore un de mes fantasmes...
Croyez moi, j'y arriverai!
Dans les prochains tomes
de La Frousse, je
traverserai le Liban à
pied, une partie du Japon
en patins à roues alignées,
et un coin de l'Afrique, sur un
gros vélo Hero de 23 kilos
... à suivre!

L'aventure

Oups. Après ma chronique un peu hardcore de la semaine dernière qui affirmait, le poing dans les airs, que « l'aventure ne fait que commencer », vous avez peut-être cru me retrouver cette semaine en train d'attraper des faucons à mains nues, pendu par les pieds sur un hélicoptère au-dessus de Lhassa, au Tibet.

Vous avez vu le cahier *Actuel* de *La Presse*, hier ?
« Ah, c'est ça qu'il veut dire par "aventure", la couverture du concours de Miss Univers ? » **(voir en annexe pour le détour chez les Miss.).**

Oui monsieur ! Ça commence bien, hein ?

Après avoir pris la décision de ne pas revenir tout de suite et de retraverser le monde à pied (on s'entend que ça se peut que je prenne un autobus de temps en temps), j'ai reçu cette semaine de nombreux courriels qui me disent à peu près tous la même chose : que je suis « chanceux de pouvoir faire ça ».

Oui. Peut-être. Mais chanceux de pouvoir faire quoi, mes chers amis ? Chanceux d'aller jusqu'au bout d'une idée ? Chanceux de profiter du fait que « vivre à l'étranger » me coûte 10 fois moins cher que de « vedger à la maison » et qu'en plus, qu'en plus... le monde entier !

« Oui, mais c'est partir à l'aventure. »

Ah ! Parlons-en, justement, de l'aventure.

Ça m'a pris presque un an pour réaliser qu'elle n'est nulle part, l'aventure. L'aventure ne se trouve pas dans un livre, un guide ou une expédition prévue pour ça. L'aventure est une porte qui s'ouvre par en-dedans. Le reste dépend de vous. Ça peut se passer à Bombay, à Brossard ou dans la prison de Tanguay. L'aventure débute avec la fin de la peur : de la peur de rire quand on doit se taire ; de la peur de fuir quand on doit plaire ; de la peur d'être nu, ridicule et vulnérable, mort ; de la peur de se tromper ; de la peur d'échouer. Se placer volontairement les pieds dans les plats ? Pourquoi pas ! Se confronter à une tâche impossible à réaliser ? Kick ass, baby !

L'aventure a la tête dure. L'aventure n'apprend pas de ses erreurs, sinon qu'elle n'en a jamais assez commises. Et toujours, l'aventure prend des fucking de drôles de tournures. Même que, parfois, elle commence où on croit qu'elle finit...

nture est
-te qui s'ouvre
-dedans...

Annexe
Détour autour de la Frousse

LA PRESSE www.cyberpresse.ca/actuel   MONTRÉAL MERCREDI 25 MAI 2005

ACTUEL

MÉDIAS :
LE FANTÔME DE L'OPÉRATRICE PAGE 3

PUB ET MAGAZINES GWYNETH PARTOUT   PAGE 3

L'univers des Miss

LES MISS À BANGKOK

L'HUMORISTE BRUNO BLANCHET FAIT LE TOUR DU MONDE DEPUIS UN AN ET NOUS LIVRE CHAQUE SEMAINE, DANS LP2, SES OBSERVATIONS SOUVENT TRÈS DRÔLES, PARFOIS TOUCHANTES, TOUJOURS PERTINENTES SUR SES NOMBREUSES DÉCOUVERTES. CETTE SEMAINE, IL EST À BANGKOK, OÙ A LIEU LE CONCOURS DE MISS UNIVERS, UN CARNAVAL BIEN PARTICULIER. IL A ACCEPTÉ DE TOUT RACONTER AUX LECTEURS D'ACTUEL.

BRUNO BLANCHET
COLLABORATION SPÉCIALE

BANGKOK. Thaïlande — Cette semaine, à Bangkok et ailleurs au pays, se déroulait le «Visakha Bucha» : une semaine entière consacrée à l'enseignement du bouddhisme, à la méditation et au recueillement. On estime qu'à la fin de la semaine, plus de 30 000 jeunes auront appris les principes de base du bouddhisme et recevront un diplôme attestant de leur nouvelle formation religieuse. Le dimanche, jour du Wan Visakha Bucha, on célèbre la fête la plus importante du monde bouddhiste : la naissance, l'illumination et le passage de Bouddha.

Donc, cette semaine, quand 81 des plus belles jeunes femmes du monde entier ont posé pour la presse en bikini léopard sexy devant le Wat Arun, un des temples bouddhiques les plus célèbres de la planète, ai-je besoin de

BRUNO BLANCHET

BANGKOK – Natalie Glegova a 23 ans, elle est née à Tuapse, au bord de la mer Noire, en Russie, et elle habite Toronto depuis l'âge de 12 ans.

Elle est bachelière en commerce de l'Université Ryerson. Pianiste classique, elle compose ses propres chansons. Elle a aussi gagné des compétitions régionales de gymnastique.

Son repas canadien favori est le fameux *Canadian Breakfast*: deux œufs bacon avec un *side order* de crêpes au sirop d'érable.

À 5 pieds 11 pouces, Natalie Glegova, beauté classique au sourire d'enfer, fait une impression du tonnerre sur les journalistes et les experts réunis à Bangkok depuis 12 jours. Ils sont littéralement tombés amoureux d'elle. Ce qui me fait une belle jambe! Dans le cercle des journalistes, chaque fois qu'on apprend que je viens du Canada, on me félicite. «Bravo» qu'on me dit chaleureusement. «Merci» que je leur réponds, pas du tout gêné par le compliment. Non mais, avouez, c'est vrai que Natalie et moi, on a un petit air de famille: même ses cheveux ressemblent à ma perruque de Lara Fabian. Ouh là!

Pendant le dernier «round robin» — une rencontre avec la presse et les médias électroniques où les Miss sont au centre d'un grand cercle et les journalistes autour se battent — je n'ai eu le temps de lui poser qu'une seule question. O.K., j'avoue que je ne suis pas très agressif, que j'aurais du lui sauter dessus en l'apercevant et *puncher* Miss China épuisée, qui ne parle pas anglais, et qui m'a baragouiné un tas de trucs incompréhensibles en «chinglish» pour finalement me dire : «I want to sleep.» Mais le fait est que notre Miss Canada est passée systématiquement d'un reporter à l'autre, sans s'arrêter une seconde pour respirer.

Et quand je l'ai enfin eue devant moi, elle m'a littéralement assommé avec son sourire dévastateur. Paf! Dans les dents! Tout ce que j'ai trouvé à lui demander, en bégayant : «Eh, Natalie, eh...Qu'est-ce que vous mangez avant la compétition?»

«Nothing», qu'elle m'a répondu en riant.

Et quand je lui ai dit que j'étais du Québec, elle a ajouté «Merci», avant de se faire tirer hors de l'arène par Justin, le gentil organisateur.

Pensez-vous que je devrais animer le prochain débat des chefs?

Quoi qu'il en soit, Miss Canada, «notre» Miss Canada, a de très bonnes chances de l'emporter. Elle est au «numéro un» sur la plupart des classements Internet. La seule chose qu'on lui reproche, de façon presque unanime, c'est d'être trop parfaite.

> Voir **MISS** en page 2

---

quatre heures et quart. Ça a effectivement fait friser quelques moines. Et ça a un peu irrité la population en général. Comme quoi la notion de «beauté» n'est pas aussi universelle qu'on voudrait le croire chez Miss Universe Organization, le MUO, propriété de Donald J.Trump et de NBC.

«Les expériences doivent être perçues avec un esprit ouvert — l'esprit d'un étudiant ou d'un observateur —, et non pas avec l'esprit de quelqu'un qui aime ou qui hait. » — Phra Acharn Manop Upasamo, penseur bouddhiste.

Afin d'apaiser les tensions, le premier ministre Thaksin s'est excusé au nom de Miss Univers, et a promis que tout ça sera coupé au montage. Puis il a appelé les Thaïlandais à faire preuve d'ouverture et de patience : car ils ont beaucoup à y gagner au change.

Gros cash

La Thaïlande, qui dépense 265 millions de bahts (environ 9 millions de dollars) pour organiser l'événement, espère pouvoir en retirer 3,2 milliards (plein d'argent) en revenus directs et indirects. Qu'est-ce qu'un revenu indirect? Une occasion idéale de remettre la Thaïlande sur la *mappe* des destinations touristiques «top-class» après le tsunami du 26 décembre 2004, croit le ministre du Tourisme et des Sports Somsak Thepsuthin, qui est reconnu pour avoir plus d'un tour dans son Somsak (Sol, sons de ce corps!).

À la télé, le 31 mai, sur NBC, on évalue le potentiel de l'auditoire à 1 milliard de personnes. En attendant, depuis le 13 mai, il n'y a qu'un tout petit groupe de journalistes de la presse et de la télé qui sont autorisés à suivre les 81 «déléguées» («delegates» en anglais : plus *politically correct* que ça, tu meurs) dans leurs activités quotidiennes, c'est-à-dire «session de photo en petit minikini sur le bord de la piscine» le matin, et autres expériences «éprouvantes» le restant de la journée. Un groupe de chanceux qui, en plus, se fait payer la traite à la journée longue au free sushi et à la bière Singha, commanditaire de l'événement.

> Voir **UNIVERS** en page 2

Natalie Glegova, 23 ans.

Les Miss à Bangkok

MISS
suite de la page 1

Moi (moi moi moi je je je), après l'avoir vue en robe de soirée, en bikini et en vraie, il n'y a qu'une seule chose qui m'inquiète : l'épreuve du « Costume national », segment de la compétition où chacune des Miss devra porter un costume qui représente son pays. On peut très bien imaginer les costumes de toutes les Miss Exotiques de ce monde, car pour elles, c'est super facile : à la limite, une Miss Trinité-et-Tobago apparaîtrait en string avec deux noix de coco, et ça ferait le boulot. Mais pour Miss Canada, que croyez-vous que ce sera, le « costume » national ? Hmmm. Habillée en set carré, avec un chapeau de castor, des mitaines, et une ceinture fléchée ? Habillée en Bryan Adams ? Ou en Shehaweh ?

Mesdames et messieurs, attachez vos tuques, j'ai la solution : le designer canadien créera, pour Miss Canada, une robe inspirée des chutes du Niagara. Inquiétant ? En effet. Mais ça aurait pu être pire. Le designer colombien aurait pu s'inspirer du rocher Percé.

« Crois en toi et tu peux faire n'importe quoi » est la devise de Natalie. Moi je dis, « pousse pas ta luck, Miss Canada », Et quoi qu'il advienne, « Natalie Glebova, que la force soit avec toi, I love you. »

Des prédictions ?

BRUNO BLANCHET
COLLABORATION SPÉCIALE

Comment choisir entre 81 beautés de 81 pays différents, toutes caractéristiques ethniques confondues, toutes répondant à des critères nationaux différents, quand, en plus, cette an- née, Miss Danemark est moitié in- dienne, Miss Norvège mi-thaïlandai- se, Miss Pays-Bas moitié indonésienne, Miss Allemagne tur- que et Miss Canada russe ?

On élimine toutes celles qui ne par- lent pas assez bien l'anglais, les trop fragiles, les trop petites, et les trop jeunes. Et parce que le concours se déroule en Asie, historiquement, ça signifie malheureusement qu'il y a peu de chances qu'une jeune femme à la peau foncée fasse mieux qu'une semi-finale. Je sais, ça fait l'effet d'un *feedback*, mais c'est comme ça.

Déjà, un peloton de tête s'est déta- ché (parfois, dans la salle de presse, j'écoute jaser à propos des filles et j'ai l'impression que les lettres (ou de course), et ça signifie que

PHOTO ADREES LATIF, REUTERS

Helene Traasavik, de la Norvège, candidate au titre de Miss Univers 2005.

pour les trois quarts des Miss, le con- cours est terminé. Et elles le savent ! Ce sont celles qui ont l'air d'avoir le plus de plaisir. Les autres sont *focu- sées*. Agressives. Affamées. Grrr !

Voici les Top

1- Miss Porto Rico, Cynthia Olavar- ria, une célibataire qui préfère les hommes aux cheveux longs, grands, avec un bon sens de l'humour (je lui ai reflué votre numéro, les Denis Dro- let). C'est une pro. À Porto Rico, on étudie le « Missage » à l'école, et Cynthia, elle, est première de classe. 2- Miss Norvège, Helene Traasavik, dont la maman est de Thaïlande, et qui n'en est pas à sa première visite au pays. C'est la « 19e fois que je viens à Bangkok », qu'elle m'a dit. (19. Pas 18. Ni 20. 19. Admirez la précision.)

Mais c'est la première fois qu'elle... y signe des autographes ! Les Thaï- landais(es) *capotent* dessus, les repor- ters de la presse locale se l'arrachent, des étrangers lui envoient des lettres d'amour, on lui écrit des poèmes. El-

grimpée au classement comme une fusée. Une percée fort méritée si vous voulez mon avis. Même si elle a choisi le costume de bain « une-piè- ce », elle pourrait surprendre.

4- Une autre ? Miss Lettonie, Ieva Kokorevica. C'est la première partici- pation du pays au concours et, à cau- se de ce fait « historique », Ieva pro- fite aussi du « buzz » créé par les médias. Une jolie blonde, un peu ti- mide, presque effacée. N'oublions pas que Miss Univers sert aussi de conte de fées.

5- Puis il y a Miss Inde, Amrita Thappar, originaire de Pune (dites-le comme il s'écrit, vous allez voir, c'est drôle), qui m'appelle par mon petit nom (« Hello Bruno ! Nice to see you ! », qu'elle m'a dit ce matin avant de monter dans l'autobus), et qui est une femme brillante, sponta- née, allumée. Je sais, je vous en ai déjà parlé. Mais je m'en lasse pas. (Sur l'air de « Marina ») Amrrrita, aqua Amrrrita !

6- À part ça ? Miss Éthiopie (ayayaye), Miss Antigua Barbado (mucho !), Miss Islande (à surveil- ler !), Miss Grèce (une déesse), Miss Venezuela (ouf !), Miss Afrique du Sud (un monument !), et la gagnante est... (roulement de tambour) Natalie Glegova, Miss Canada !

L'univers des Miss

UNIVERS
suite de la page 1

Moi, Bruno Blanchet, clown insi- gnifiant, faux mime etc, de Fabrevil- le, Laval, Québec, je fais partie de ce groupe. Comme quoi, rien n'est im- possible.

« Rien n'est impossible, tout n'est

que défi. » Helene Traasavik, Miss Norvège.

Je savais que j'avais pris ça quelque part... Bon. J'imagine que vous vou- lez savoir à quoi ça ressemble, suivre les Miss au quotidien ? Je serai franc. C'est un paquet de troubles ! Pre- mièrement parce qu'elles bougent énormément, partout en Thaïlande

le devrait profiter de toute cette atten- tion, car les gens appelés à faire la couverture de l'événement n'en ont pas épais à se mettre sous la dent et, chaque fois qu'il y a un poil de tra- vers ou une particularité, on beurre épais dans le journal.

3- Dans le même genre, Miss Indo- nésie, Artika Sari Devi, a suscité la controverse dans son pays (Indonésie égale pays musulman égale « pas de bikini »), et quand ça a éclaté, elle est

(30 provinces en 18 jours !), et rien qu'à Bangkok, il faut calculer une heure et demie du point A au point B. Le seul moyen de tenir le rythme, c'est de les poursuivre en moto-taxi, avec Evel Knievel sur l'acide comme pilote.

Deuxièmement, parce que la sécurité est peut-être un peu... exagérée. À part des détails comme « vitres pare- balles et tireurs d'élite », peu de cho- ses distinguent les mesures de sécuri- té qui les entourent de celles des chefs d'État, disait un policier qui préfère

garder l'anonymat. C'est du sérieux ! Le cortège d'autobus est escorté en permanence par la police et essayer de s'approcher des filles en public, c'est se magasiner un bon coup de matraque.

Mais suivre ce beau cirque, c'est aussi beaucoup de plaisir. Un plaisir d'une nature insoupçonnée.

Savez-vous la différence entre Miss Monde et Miss Univers ? Miss Uni- vers, elle, elle a le droit d'aller faire des compétitions sur d'autres planè- tes.

À quoi ça sert, une Miss Univers ?

BRUNO BLANCHET
COLLABORATION SPÉCIALE

BANGKOK – Deux jours plus tard. Le réveil sonne. 7 h. Je me réveille péniblement, un peu « lendemain de veille ». C'était le Miss Universe Beach Party à Phuket hier, et mon avion en retard a atterri à Bangkok à 2 h du matin. Mais, malgré le mal de bloc et la gueule de bois, je suis excité. Ce matin, les journalistes, après 10 jours à leur tourner autour, vont enfin pouvoir rencontrer les Miss, et prendre le temps leur parler.

(Oh, vous voulez que je vous parle du Beach Party ? Il y avait la mer, le soleil, un buffet extraordinaire, un bar ouvert, et pendant deux heures, j'ai dansé en bedaine au milieu des 81 miss en bikini. S'il existe un pa-radis, Dieu, faites qu'il soit ainsi, Amen.)

La seule question, donc, qui me vient à l'esprit est : à quoi ça sert, une Miss Univers ?

Voyons le programme. Conditions pour participer et devenir Miss Univers : avoir entre 18 et 27 ans, avoir gagné le concours Miss Univers dans son pays, ne jamais avoir eu d'enfant, ne pas être enceinte, et être célibataire : pas simplement de n'avoir jamais été mariée, non ! Cé-li-ba-taire ! « Single », comme les tranches de fromage. Et le demeurer toute l'année. Pas de chance, les mecs.

D'accord, mais, ça ne répond pas à ma question...

« Alors, les filles, que ferez-vous si vous gagnez le 31 mai ? »

De l'ordinaire « je vais consacrer la victoire à ma mère » au prévisible « je vais être un modèle pour les jeunes filles », au Festival de la phrase creuse, la palme va sans aucune hésitation à Chelsea Cooley, Miss USA, qui « va donner son 110 % », comme dans tout ce qu'elle fait ». J'ai ri. Je lui ai demandé si elle connaissait Yvan Martineau. « Yvane Who ? », Désolé, Yvan, meilleure chance la prochaine fois.

Par contre, dans le lot de réponses apprises par cœur, une belle surprise : Miss Inde, Amrita Thappar, qui, si elle gagne la couronne, fera en sorte que sa présence dans les médias permette d'attirer l'attention sur les causes humanitaires qu'elle défend dans son pays. Sida, pauvreté, etc. Je vous jure que si cette jeune femme solide et sincère passe l'épreuve du bikini, elle sera à surveiller.